人类精神捕手

弗洛伊德自传

SIGMUND FREUD

[奥] 西格蒙·弗洛伊德 著　　王思源 译

華文出版社
SINO-CULTURE PRESS

图书在版编目（CIP）数据

人类精神捕手 ： 弗洛伊德自传 / （奥）西格蒙·弗洛伊德著 ； 王思源译. -- 北京 ： 华文出版社，2025. 3. -- ISBN 978-7-5075-6124-1

Ⅰ. K835.216.2

中国国家版本馆CIP数据核字第20256KC151号

人类精神捕手：弗洛伊德自传

作　　者：（奥）西格蒙·弗洛伊德
译　　者：王思源
责任编辑：胡慧华
出版发行：华文出版社
社　　址：北京市西城区广外大街 305 号 8 区 2 号楼
邮政编码：100055
网　　址：http://www.hwcbs.cn
电　　话：总 编 室 010−58336239　发 行 部 010−58336202
责任编辑 010−58336197
经　　销：新华书店
印　　刷：三河市人民印务有限公司
开　　本：710mm × 1000mm　1/16
印　　张：14.75
字　　数：158 千字
版　　次：2025 年 3 月第 1 版
印　　次：2025 年 3 月第 1 次印刷
标准书号：ISBN 978−7−5075−6124−1
定　　价：78.00 元

目录

导读：弗洛伊德的一生

作者：欧内斯特·琼斯

欧内斯特·琼斯（Ernest Jones，1879—1958），英国著名心理学家，英国精神分析学界的主要人物。创建了《国际精神分析杂志》和伦敦精神分析协会（London Psycho-Analytical Society，后来成为英国精神分析协会）。琼斯与弗洛伊德相交数十年，是弗洛伊德的同行、好友及坚定的支持者。导读实为琼斯晚年为弗洛伊德所写传记的一部分。

弗洛伊德的特质和性格

当一个人给自己亲近的人写传记的时候往往因为怕夹杂过多的个人感情而流于枯燥和乏味，但我不是这样，我总是很主动地询问弗洛伊德好友们的意见，然后把他们的意见综合考量，因为人与人的视角不同，得出的结论也会不同。

对于什么是弗洛伊德最突出的特点这个问题，我在询问其好友时尤其关注这个问题，有一次我问了弗洛伊德最后二三十年最亲近也最了解他的安娜这个问题，她毫不犹豫地说："他最突出的特点就是他的单纯。"琼·里维埃（John Riviere）也同意这个看法，认为单纯是"弗洛伊德最有意义的特质”。我们应该认同安娜的观点，毫无疑问，弗洛伊德最讨厌让生活变得复杂的东西，不论自己的还是别人的，这一特点在日常生活中也能够表现出来。比如说他全部的行头只有三套衣服、三双鞋、三套内衣，哪怕是度长假，他的行李也是简单到了极致。琼·里维埃还注意到他的这一特质在工作中的表现，在弗洛伊德去世后，她在评论中这样写道：

> 不管他是否在进行分析，他的兴趣内容永远与众不同，永远那么简明扼要，这往往给人一种错觉，以为他在兴趣背后还有其他什么目的，或者认为他这样热情地对待科学工作不是为了他自己，而是为了身外的什么目的。在他的这种热情中存有的那份单纯可能就是弗洛伊德最有意义的特质。他在专心于自己的研究时是那样的全情投入，以至于他本身仿佛成了一个研究的工具。他的眼睛敏锐而具有洞察力，不但保留着孩子般的天真无邪，还具有成熟的耐心和谨慎，更重要的是忘我的研究精神。在他看来，没有什么是太小的、太平常的或者不干净的，这是他天真无邪的一面，而在某种时刻，浓眉下的那双锐利的眼睛又总能看穿事物的表面和突破现有的局限看到事物的本质。他有着一般人看不到的坚忍、缜密和决断力，而他冷静客观的怀疑精神曾经被误认为是一种愤世嫉俗和悲观主义。他的特质就好像是永不停歇的猎人和恪尽职守毫不懈怠的警犬的综合体，他对男女感觉行为的根源的发现和了解就是基于这种特质的结果。他坚忍和锲而不舍的精

神加上坚定不移的诚实强有力地支撑了他的天赋，细致的观察力、敏锐的洞察力和神奇的想象力，最终使他获得了令世人瞩目的成就。

从这段主题明确且例证丰富的文字中我们可以知道，她所感知的弗洛伊德的特质不仅突出也直指要点。其实仅从他的举手投足就时时能表现出这种特质来。弗洛伊德有着一种沉着稳健的风度和平易近人的态度，这是那些装腔作势、趋炎附势的人不能比的，他也非常讨厌

1938 年弗洛伊德逝世前一年照

那些拿腔拿调、阿谀奉承、虚与委蛇和勾心斗角，有人说他“高傲”“自负”，我认为这是大错特错。弗洛伊德说话简单直接，直中要害，从不掺杂多余的话语。他在为人处世方面只有一个优点，那就是能够真正地为别人着想，除此以外他并不够灵活或者圆滑，所以有的时候陌生人会觉得他的态度不好，有种被冒犯的感觉，但我并不觉得奇怪。其实他是一个很好相处的人，他基本上不会拒绝别人的拜访，即便拜访者只是想满足自己的好奇心，他也一样会接待人家。

对于亲密的朋友，他也有轻松和平易近人的一面。他不是一个富有幽默细胞的人，但他总是能敏锐地捕捉到生活中的幽默，而且他喜欢引用有趣的格言、先人们的警语尤其是犹太人的轶事来评论事物，听起来不但不会觉得别扭，反而觉得他的比喻完美恰当。虽然他平易近人，和蔼可亲，但我们还是隐约觉得他性格中有一种冷漠，让人不敢轻易接近。

弗洛伊德总是很坚决地说只有他自己有权决定向别人显露或者隐藏多少自己的性格特点。这种态度是可以理解的，但在实际生活中，他的做法有些极端，用“秘密”来形容一点也不为过，因为有些完全没必要保密的事情他也守口如瓶。通常情况下，弗洛伊德不是冷漠和沉默的人，无论什么样的话题他都能自由并且毫无保留地表达自己的看法，不过或多或少还是让人觉得他对自己性格方面的问题讳莫如深。实际上他讨厌任何关于他自身的问题，而且他从来不跟他的孩子们提起他年轻时的事情，所以他的孩子们对于这方面的了解大部分是来自这本自传，对于他们来说，这类话题虽然没有被明令禁止，但确实是一种禁忌，他们也从没敢提起过。弗洛伊德中年时还常常会对我们提起他正在写的东西，但是在他生命的最后二十年，连这方面的信息也变得守口如瓶，连最亲密的朋友也不能例外，如果被问起，他也只是说时候到了自然就知道了。还有一个很重要的方面，就是我们能够在他身上看到一个反差很强烈的对比，一方面他毫无保留地把他的生活完全公开，另一方面他对于自己的爱情生活却从未透露半分，这绝对是他杰出的地方，因为要把人生中最纯洁、最重要的感情生活隐藏起来就需要作太多的努力。

但矛盾的是弗洛伊德不是一个会为别人保密的人，大家都觉得他很不稳重。曾经有好几次他把本不该说出去的同事的私生活告诉我，当时我想他也许是心里放着这些惨痛的事情憋闷得难受才会把心里的包袱交给他完全信任的人来缓解一下心情。也许我的猜测已经接近事实，又或许是他要保守自己的秘密导致心理压力非常大，所以他就用这种间接的缓解方式，以泄露别人的秘密的途径来减轻自己的心理负担。

有一次詹姆斯·斯特雷奇向弗洛伊德求救时，我为他写了一封介绍信，这封信的内容并不全是好话，也有我当时对他的了解，等等。之后某一天的早会之后，弗洛伊德竟然到隔壁房间把我这封介绍信拿出来大声地念给詹姆斯听。还有一次我早年的一位病人接受弗洛伊德的治疗，我把我认为用得着的一些秘密资料寄给他，那是关于病人偷偷使用吗啡的材料，在与材料一同邮寄的信上我特别嘱咐千万别让病人知道我给他资料的事情，那次他回信向我保证一定不会向第二个人透露，但不久之后我就收到那个病人的一封信，信中非常愤怒地抱怨我不应该把他的信息告诉别人。

弗洛伊德讨厌生活中所有烦琐的事情，这和他性格中的两个特质有紧密的关系，即他对形式化的厌恶和对限制的厌烦。他厌恶形式可以部分归因于他自小贫贱的生活环境，这种环境使他很少有机会进行社会交往。在他早年写给未婚妻的信中曾经多次承认自己不善于社交和不懂得献殷勤，这使他有点自卑。但后来他完全克服了这些问题，虽然还是让人觉得与他交往存在隔膜，但他会适当地做一些友善的举动，比如把他珍藏的艺术品馈赠给他人，等等，他的人际交往态度也不再遭到非议了。可能还有一点要说明，那就是他患有慢性咽炎，加上他吸烟过度导致他经常会大声地清嗓子和吐痰，很多人不喜欢他这些动作，甚至还会坐立不安，这时弗洛伊德总是责备他们太敏感。

弗洛伊德对于限制的厌烦尤其体现在法律这种最普遍的保障关系上面。他认为假如双方完全信任，法律就没有必要存在；但假如双方不存在信任，那么法律中的那些烦琐的条款对事情也起不了任何帮助作用。因此当他听说美国的精神分析学会按惯例会邀请律师来拟定会员制度时既惊讶又愤慨。他这种态度根深蒂固，以至于碰到稍微精细的事情时就会困难重重。我们已经努力让他接受国际精神分析学会的章程，但他还是认为学术组织没有设立章程制度的必要，有时候他还会提出一些违背制度的想法，比如他会说："那我们把章程改一改吧！如果你将来觉得有必要可以很轻松地再改回去。"这就是他的性格，宁可强硬地解决事情也不愿妥协。

守法的人也许会认为弗洛伊德的这种态度是因为他极端专制，但实际上他的出发点并不是这样。他的本意是要告诫我们在任何时候都不能被法律拘束，要时刻保持一种决定的自由。但某些时候这种解释也行不通，比如他在著作中引用别的分析家的论点时完全不像他引用文献时那样正确和完整。因为这事兰克经常开他的玩笑：弗洛伊德引用别人的文献就像国王发勋章一样，全凭一时的冲动。还有更离谱的事，他会张冠李戴地把这书中一个很重要的结论归结到那本书的评论家身上。

对于弗洛伊德的专断，一部分是源自他与众不同的性格，即他对待人的二分法判断。没有人能够比弗洛伊德更了解人性由善恶组成，所以人们很难理解他那种性格。以弗洛伊德的意识或者潜意识的观点看，人有善恶之分，或者说有喜欢和讨厌的区别，在这两者之间很少存在别的形式；但在他看来，人只有好人和坏人两种，顶多随着时间的变化人性也在交替变化而已。令人奇怪的是像他这样卓越的心理学家在大家眼中却是最不能了解别人的人。或许我们不应该对此感到奇怪，因为这两种特性可以毫不矛盾地互相融合。

我总是听到人们抱怨说弗洛伊德是一个不好相处的人，说他悲观而且狂妄自大，为此他经常和朋友们发生争执。我希望能从这些不好的评价中客观地找出一些事实供大家参考。我最常被问到关于他的事情就是他到底是怎样的一位同事。这个问题很好回答，我一直认为与他共事轻松愉快，而且我敢打赌任何人在我这个角度都会这么想。他是一个最快乐、最容易相处也是最有幽默感的同伴，他几乎从没有对我们拟定的计划提出严厉的批评。不过还有一个事实，那就是我们难免会碰到他怀有偏见的时刻，这个时候他固执到任何人都无法改变，只能放弃从头再来。

很多人都觉得弗洛伊德是一个悲观的人，其实他顶多算是我们常见的“快乐的悲观主义者”（cheerful pessimist）而已，快乐爽朗的他也用这个词形容自己，但这个词不够恰当，我认为不妄想的“现实主义者”（realist）或许才是最适合他的说法。他认为生命中注定要经历很多磨难，所以苦难多于快乐的人生要努力学会忍受，一旦适应了这种忍受，就会觉得人生其乐无穷，人也就有了活下去的动力。在他的短文《刹那》（*Transience*）中，他表达过这种观点，认为一般人因为

弗洛伊德的出生地：摩拉维亚的弗莱堡

生命无法永恒而认为生命没有价值的说法是完全错误的，他认为生命哪怕只有一分钟也是珍贵的。

尽管弗洛伊德对自己和人类的过去都感到极为困惑，而且他相信只有研究过去才能学到对今天有帮助和有价值的东西，但他却始终活在现实里，他对自己的过去毫无兴趣也从不曾提起，对于他自己来说只有现在和将来的规划才有意义。总体来看我不觉得他对于未来花了多少心思，因为他非常清楚一件事物发展的物质环境和心理动机是非常复杂的，去关注无法预测的未来纯粹是浪费时间。对于未来，他并没有悲观的倾向，他在给雷克的信中曾说道："虽然我同意你对当今世界和人类的批评，但我却不认同你对未来的悲观看法。"弗洛伊德能够理解所有大的社会变革，虽然从长远的角度看这些变革不一定能够产生令人满意的变化，但他认为彻底的改革是必需的。

用"傲慢"来形容弗洛伊德绝对是荒唐的，假如一定要用这个词，那么只能形容他对其艰苦树立的信念的那份固执。如果用这个词形容他的学说是固执的、不容修正的，那就完全是胡说八道了。实际上，他对未知领域的追求是逐渐深入的，他的结论都是经过了无数次的改变和知识的不断累积得来的。对于茫茫未知的世界，弗洛伊德的态度和牛顿完全一致，他觉得自己就像是一个在知识的海洋边捡贝壳的孩子，虽然他明白自己已经开了几个头并且找到了几条出路，但他还是无法判断也不想判断到底这些路会通向何方。他自认为不是哲学家，所以他没法建立一个完整的思想体系，这要比开头找路的工作难上很多倍。

我猜弗洛伊德觉得自己是一个伟人，或者他以伟人的要求来衡量自己，比如歌德、伏尔泰、达尔文、尼采等人物。玛丽·波拿巴（Marie Bonaparte）曾经告诉弗洛伊德，说她觉得他是巴斯德和康德的综合体，弗洛伊德说："你过奖了，不过我不同意这种看法，倒不是因为我谦虚，我这个人从不谦虚。我对我发现的事物评价很高，但我对自己却不这么认为，有重大发现的人不一定是伟人，拿哥伦布为例，他对世界的改变没有人可以超越，但他本人不过是一个冒险家而已，虽然他有自己独特的性格，但却不见得是伟人。所以说一个人有了重大的发现并不意味着他一定是个伟人。"他对自己的评价只有一点是肯定的，那就是他脑筋不好，很多人都能弄懂的数学和物理学问题，他永远也搞不清。

弗洛伊德有一个绝不动摇的道德观念，根深蒂固得就像是他天性中的一部分。他从来没有为哪种才是正确的做法这一类的问题犹豫过，用他很喜欢的一句菲舍尔（F. T. Vischer）的名言来说：道德是不需要证明的绝对真理。这句话很能体现出他的这种特质。对于他形成这种特质的根源，弗洛伊德也很困惑。直到晚年的时候他才明白过来。

在弗洛伊德写给帕特南的信中，有一封很能体现他这种道德观。那是在1915年，弗洛伊德读过帕特南刚出版的《人类的动机》之后写的：

> 你的书在出版了很久之后终于到了我手上。虽然我还没有完整地看一遍，但是我已经把宗教和精神分析这两个对于我来说最重要的部分看过了，这才有给你写信的想法。

虽然你写这本书并不是为了得到赞许，但我还是想说，这本书必定会给你们国家的人民留下深刻的印象，而且会破除许多人根深蒂固的阻碍的抗力，这绝对是一件值得欣慰的事情。在第二十页上有一段文字很适用于我："我们习惯在研究成年人之前先研究小孩子或者未成年人，这种习惯往往会带给我们不良的后果，使我们在工作领域中的视野受到限制。"

我发现我的情况跟上面说的一样，虽然我没法评价这个事情的另一面，但是只看我所看的这一面就足以发现别人都尽量躲避的隐藏的另一面，这也是我做出那些防卫反应的原因，毕竟只看到一面也有它的意义。

还有一个问题是关于我们理想的真实性的争论，这没有给我留下深刻的印象也不能说明什么。在观念中存在着心理真实性，而观念又有其客观实在性，我没有从这两者中找到任何融合的迹象。你我都知道，争论并不能解决问题。我必须补充一点，我并不惧怕全能的上帝，要是我和他算账的话，我对他的责备比他对我的要多得多，我要问他为什么不给我一副好脑筋，而他却不能抱怨我没有把自己的能力发挥到极致。顺便说一下，我认为我们每个人都有其代表的生命力，但我认为没有任何一种生命能力可以与自由相提并论，或者说不受条件因素的制约。

我必须告诉你，我对自己的天赋一点都不满意，而且我很清楚我在哪方面有欠缺，我还要告诉你，我是一个道德观念很重的人，我的观念和菲舍尔的名言"道德是不需要证明的绝对真理"

完全一致。我认为我可以与任何值得钦佩的人物一样正义、为别人着想、不使人陷入危机且不利用别人。我从未做过卑鄙下流的事情，甚至连这样的念头也从未有过，这并没有使我感到骄傲。我的道德观是通常所说的具有社会意义的道德观，而不是性道德观。社会眼中的性道德似乎很卑鄙下流，正如极端的美国那样，我个人在自己认可的范围之外很少滥用性的自由，但我同样支持那种全然自由的性生活。

一直以来，那些坚持自己信仰的卫道士们对我的印象都不太好，但是据我所知，宗教和伦理方面的话题也不见得能得到共鸣[①]。

有一点我倒是可以同意你的观点。每当我问自己：我为什么总是要做那些让别人尊敬的事情？为什么要永远为别人着想对别人充满仁爱之心？为什么我会发现别人的残酷、残暴和不可信赖，当这些放诸我所做的事情上时我却不能放弃我的做法？我一直想不明白。在我年轻的时候从没有从伦理道德的角度去想过，也没有什么突出的义举证明我比别人优秀，你或许是第一个听我承认这个事实的人。所以我可以作为一个例子来证明你的“人类本质的重要部分是现实与理想的冲动”的观点，前提是别人也具有这种可贵的品质。不过我一直暗自在想，如果有人研究出像压抑作用那样彻底的方法去研究本能的升华，那他就能找到最精确

① 这里指荣格。

维也纳柏格街19号弗洛伊德纪念馆

> 的心理学解释法，到那时你那种善意的假设就没有必要了。可惜我还是没有想出那种研究方法，甚至连我和我的六个儿女为什么会完完全全是人类的后代这样的问题我也完全没有思路……

弗洛伊德经常会说爱与恨的改变会轻易地改变他和男人之间的关系，实际上这种情况确实发生过几次，但是这种令人头疼的感情矛盾却从没有影响到他和女人之间的关系。他对女人的态度比较稳定，或者说他的感情是非常传统的。不考虑他本人对此事的看法，单从他的著作和信件中就可以找到很多关于他的感情态度的文字。如果说他认为男性是造物主可能有点夸张，但如果说他认为女性的主要作用是服侍男人，是使男人得到满足和舒适的天使，恐怕不为过。我们可以从他的信件和对爱人的选择上看出，他心中爱慕的对象只有一种，那就是温柔的女性形象。虽然通常来说女性属于弱者，但在他看来，女人却比男人更细腻，更具有高贵而且值得尊敬的气质，有一些表现显示出弗洛伊德希望能够从女人身上学习这种气质。

毫无疑问，弗洛伊德认为女人的心理比男人的更加难以捉摸和不可理解。他曾经对玛丽·波拿巴说过："虽然我研究女人的心理已经三十年，但是仍有一个问题是我至今不能解释的，这个问题就是'女人到底需要什么'。"

对于聪明而且有男孩气质的女孩子，弗洛伊德也很感兴趣。这种类型的女孩子在他的一生中出现过好几次，但她们与弗洛伊德的关系类似于男人和男人的关系，没有半点色情的成分在里面。其中一个重要的女性是他的小姨子明娜，之后她们出现的顺序是：爱玛·埃克施泰因（Emma Eckstein）、勒·卡恩（Loe Kann）、露·安德烈亚斯－莎乐美（Lou Andreas-Salome）、琼·里维埃、玛丽·波拿巴。在这些人中，弗洛伊德对露·安德烈亚斯－莎乐美的人格魅力和她在伦理方面的理想十分敬佩，甚至觉得在这方面她胜过自己。

弗洛伊德是一个忠诚的丈夫，很少有人能够一生守护自己的妻子而完全不去想别的女人，弗洛伊德就是这样一个人。这样的男人如果像弗洛伊德一样选对了对象确实是一件非常幸运的事情。但是这种男人能不能代表正常的男性呢？这个问题只有社会心理学家或者人类学家能够解答。

弗洛伊德对于男人和女人都具有很大的吸引力，这不能只归功于他和蔼的态度或者殷勤的言谈举止。通常那些对他只是稍有了解或者完全不认识他的女人也会觉得他那种包含着体贴、亲切和自信的样子非常吸引人，会觉得他是一个可以信赖和值得托付的男人。另外，女人们对于弗洛伊德对女人的性格等方面感兴趣也是印象深刻。男人们在面对弗洛伊德的时候会被他那种权威的气势震慑住，会觉得他像上帝一样有威严，同时也会被他超凡的知识水平和亲切的耐心所吸引，男人会觉得他的形象高大、雄壮，是榜样式的人物。

弗洛伊德的学生大部分都曾经受到过他那顽固的二元论的影响。正如海因茨·哈特曼（Heinz Hartmann）所说，贯穿弗洛伊德整个一生的工作是“一种典型的辩证理论路线，把全部理论都建立在这两种相互作用的力量上”。这一点从他作的基本分类上就可以看出，比如爱情渴望者（love-hunger）、自我性力（egosexuality）、自体性欲（autoerotism）、异性性欲（heteroerotism）、厄洛斯—塔纳托斯[①]、生死，等等。似乎他不把一切都分为两个对立面就无法工作似的。

人们通常会把弗洛伊德的这种倾向与他的性格扯上关系，比如他的科学水平和哲学猜想之间的矛盾，他那种热烈的爱和不正常的性压抑，他在各部著作中表现出的男性魅力和女性化的需求，他渴望独自创造一切，同时却又希望能得到别人的刺激，他有独立的性格，却又希望能够依赖他人，等等。但如果我们真的这样想，难免会歪曲事实或者把事实简单化。

现在我想做一个大胆的尝试，那就是揭开弗洛伊德天才的秘密，这个尝试很冒险，我知道我注定会失败。

在我第一次见到弗洛伊德的时候，很快就注意到了他直率、坦诚、和蔼可亲和富有耐心等很明显的特点，后来我还注意到他另一个特殊的细节，就是在别人给予意见时他的态度，他会非常礼貌地倾听，表现出很感兴趣的样子，其间还会穿插一些深刻的评论，但说出后仿佛是讲述者自己的意见似的，这是一种声东击西的做法。

他并不是一个顽固或者不达目的誓不罢休的人，因为“顽固”表示的是一种主动的愿望，弗洛伊德那种非凡的力量却在与其相反的反抗上面。即使他已经立下志愿，他也不会朝着一个特定的方向前进或者被那个方向所引导，但是他口中的“不”字却具有无穷力量。晚年

---

① 希腊神话中的爱神和死亡之神。

的时候，他有时候会一边反复说“不，不，不”，一边用力地摇着头，每次看到他这样我都会情不自禁地猜想他在婴儿期受洗礼时的反抗会有多么剧烈。

虽然弗洛伊德的思维具有与生俱来的容易受影响、容易塑造和最自由的特点，还有他那乐于接受新的甚至是高不可攀的新观念的心灵，但这两者只对他自己的观念才适用，对于外来的新观念他通常会非常抵制，所以外来的东西很难使他改变想法。起先我对他这种做法完全想不通，直到后来我找到自己的所谓解释之后才释然了，直觉告诉我，在弗洛伊德的独立心灵和对新观念持审慎的怀疑与批评态度的同时还存在一个潜在的、后来被证明确实存在的一面，就是他的顽固，这是一种怕自己太容易被别人影响的防御机制。以弗洛伊德战前的一个患者为例，我对这个病人的情况完全了解，只在这个病例中我就可以列举许多例子表明他拒绝相信那些绝对的实情而宁可相信那些谎话。琼·里维埃也曾告诉我她发现了弗洛伊德这种轻信和顽固并存的特点。她说，有天早上弗洛伊德很生气地说，有一位英国病人对她自己在伊普斯维奇（Ipswich）的一次治疗抱怨连连，说那是她遇到过的最荒唐和违背常理的错误治疗。冷静的里维埃太太一听就知道这是在说谎，她告诉弗洛伊德病人口中的医生根本就不是精神分析专家，而且在伊普斯维奇这个地方压根就没有精神分析专家，甚至整个伦敦以外的地区都没有。但是她说了这些事实以后没有起到一点作用，他还是继续咒骂这种不道德的行为。不久后他接到一封亚伯拉罕的信，信中说他介绍了一位英国女人找弗洛伊德接受治疗，这个病人患有严重的妄想症，喜欢编造医生的坏话。由此可知，亚伯拉罕就是那位遭到弗洛伊德咒骂的伊普斯维奇分析专家！

我们从很多记载中都可以看到，弗洛伊德常常要费很大的精力去克服这种轻信的毛病。八十岁之后的几年中，他受到了朋友弗利斯（Fliess）对命理学天马行空般幻想的影响，我不敢说他最后完全从中解脱了出来，但是从这些痛苦的经历中我们可以知道他的思想是多么的容易被亲近的人影响。

弗洛伊德珍藏的古董

如此推断，他早年的异常心理学著作中关于类父魅力（paternal seduction）的说法也是轻信病人的故事得来的。我和朋友詹姆斯·斯特雷奇提到弗洛伊德轻信的毛病时，他却认真地说："他的这个毛病对我们大有益处！"大部分的研究家都会轻易地不相信病人说的话，认为乱讲话就是病人的病症而已，他们会认为病人说的事情是歇斯底里时的没有用的信息。相反，弗洛伊德十分重视病人说的话，开始时认为都是事实，直到好几年后才发现那些原来是一种代表某种意义的幻想。但正是这种做法导致他发现了潜意识中幻想的重要性和被压抑的童年激情。

所以我们应该肯定弗洛伊德性格中的这个特点，这绝不是缺点或者弱点，相反，这正是造就天才的重要因素。他就是愿意去相信那些听起来不可理解或者不可想象的事情，就像赫拉克利特（Heraclitus）在几个世纪以前说的那样，这是发现真理的唯一途径。但轻信肯定是一把双刃剑，它会把弗洛伊德引到错误的方向，也会让弗洛伊德勇敢地面对未知的领域。

这种性格特点不是缺点，而是天才不能缺少的一种能力。这个想法非常有趣。

正如我们所知，说弗洛伊德是一位极富耐心而且极注重客观依据的学者是不全面的。他不仅富有耐心又注重客观依据，而且还是一位极富创新思维的怪才。早年他沉迷在科学研究工作时常常夜以继日地守在显微镜旁，从没好好休息过。直到他进行了自我分析之后，才进入一种平衡的状态，这种状态使他稳健地做完了之后的研究工作，并且在四十年内发表了许多新发现的科研报告，在最后的二十年里，他让自己的心灵自由翱翔、任意驰骋，这又为他带来了很多至今尚无定论的成果。

弗洛伊德这种打破常规找寻真理的力量必须依靠无比坚强的意志力。不仅如此，我大胆猜测，这种力量是他一生中最深沉、最强烈，也是使他铸就空前成就的动力。我为什么这样猜测呢？为什么他的动机会这样强烈呢？弗洛伊德在对达·芬奇的研究中曾经说过，孩童的求知欲望是由一种婴儿时期的普遍生命现象，比如对怀孕生产的意义和原因之类问题的好奇心所培养出来的。除此之外，1909 年弗洛伊德在研究儿童心灵的时候写道：“儿童对知识的渴望似乎与对性的好奇心相伴相生。”这种好奇心通常会因为另一个孩子出现后取代了自己被关注的地位和剥夺了自己得到的爱护后被激发起来。我们知道弗洛伊德的婴儿时代就出现了这样一个孩子，小朱利叶斯（Julius）是扮演夺爱角色的人，弗洛伊德本人对他曾经有过怨恨和恶毒的想法，但也因为他的早死自责了很久。我们还知道弗洛伊德和玛莎订婚之后表现出了强烈的嫉妒心和独占欲。所以我们相信，他能够找到很好的理由

施穆策（Schmutzer）所作的弗洛伊德画像

去挖掘事情的发生环境，比如外来的刺激是怎样出现的，以及事情的责任人，等等。总而言之，严肃、正直且内心纯洁的弗洛伊德多年来一直在各个学术领域中徘徊，但最后的巨大成果来自性生活，这绝不是一种偶然。

弗洛伊德深切地知道，只有对真理的探究才能让他感受到母亲般的安全感，但是要跨越通向真理的茫茫未知和重重阻碍，就必须要有决心和超凡的勇气。这种超凡的勇气正是弗洛伊德最了不起的气质，也是他最珍贵的天赋，这些东西除了从他对母亲持之以恒的爱中得来，还会从哪里被给予呢?

现在我们可以沿着这条思路进一步探究弗洛伊德的另一个杰出的性格特点。在追求真理的道路上，绝对的诚实和正直是成功的必要条件，这是显而易见的，但是为什么在弗洛伊德追求真理的过程中却要完全孤立呢？他不仅要一个人进行工作，还要一个人抵御外来的所有影响，即便是对他有帮助的影响也一并抵御，好像这些外来的东西都会打扰他、让他分心，甚至是故意把他带入歧途似的。这一点与他本性中对他人的不信任完全吻合。在重要的工作中，他能相信和依靠的只有他自己。那么他与此同时表现出的相反态度我们又作何解释呢?他有一种倾向，愿意相信别人告诉他的故事，前提是说故事的人必须比自己更有揭示真相的力量，至于那人是否具有这种力量纯粹是弗洛伊德自己的感觉。这个时候，弗洛伊德的不信任不知道消失到哪里去了。他当时一定以为别人知道那个在他潜意识里面困惑着他的答案，但他还是会问：“他们会说出真相吗？”他晚年的时候常常抱怨被朋友“出卖”（betrayed），这些“出卖”他的朋友依次是布罗伊尔、弗利斯、阿德勒、荣格等等。这些人都曾经答应协助弗洛伊德，也曾经在他浩大的研究工程中给予过灵感，但最后都离弃了他。我认为在这里用“欺骗”（deceived）这一说法更恰当一些，当然“出卖”是弗洛伊德自己认为的最准确的表述。

弗洛伊德的日常生活和工作

柏格街是典型的维也纳式街道，街道两旁都是18世纪建造的住宅，街道上零星分布着几家店铺。这条街上19号的一层就是一家屠宰店，屠夫和弗洛伊德都叫西格蒙，在进门的两侧分别挂着两人的名牌：屠夫西格蒙和西格蒙·弗洛伊德教授，这个对比挺有意思。这栋房子的大门很宽，马车可以一直开进去直到里面的院子和马厩。一进门的左手边是看门人住的地方，我经常纳闷，只要弗洛伊德10点以后才回家，就得先把看门人叫醒才能进去，他为什么不自己拿着房门的钥匙呢？一进门可以看到房子的窗户面向后院，窗户旁有一道石阶通向二楼弗洛伊德家人的房间。而一进门右手边的六级台阶，则通往 1892 年到 1908 年弗洛伊德住的三居室。

1954 年，为了纪念弗洛伊德在此居住过，这座住宅被世界心理卫生联盟立碑作为文物。

维也纳有纪念名医的惯例，1930 年，市议会曾经建议把柏格街更名为西格蒙·弗洛伊德街（Sigmund Freudgasse），弗洛伊德觉得这个建议很荒唐，又鉴于当时的种种政治因素，这个建议没有被实施。不过在 1949 年 2 月 15 日，市议会还是决定把维也纳第九区的那一片住宅命名为西格蒙·弗洛伊德区。

1908 年春天，弗洛伊德把房间的安排作了调整，他把读书写作的房间从底层的三居室搬到二楼原来妹妹住的房间，隔壁就是自己的卧室，这样整个二层就是他一个人的空间了。他还在新旧两间房间中开通了一个通道，这样他即便不开前门也可以自由来去，为他充分利用时间同时治疗两个病人提供了方便。不仅如此，这样还能让病人离开时不用回到诊室。这种方法不仅减少了病人间见面的机会，也给了女仆充分的时间以便找到病人的衣帽，最后还给了病人充裕的离开时间。

下面说说弗洛伊德使用的房间。第一间是候诊室，窗户朝向后院，房间虽然小，却也能够容纳协会在每周三的例会，几年后协会人数越来越多时才显得地方局促。这个房间的中央是一张长方形的桌子，四壁都装饰着弗洛伊德收集的各式各样的古董。这间诊室与隔壁的诊室间有两个门可以相通，弗洛伊德在门的周围装饰上了厚厚的绒布，还在门上挂起密密的帘布，以此来保证诊室的空间独立感。在诊室的时候，弗洛伊德总是笔直地坐在一把不太舒适的椅子上，椅子面向窗户，旁边是一张写字台。几年后，这个房间才多了一把放脚用的凳子。这个房间的装饰同样是一些古玩摆件，甚至有格拉迪瓦（Gradiva）的浮雕。由诊室再向里走就是弗洛伊德的书房，这里满是一排排的书，除此之外还有放置古玩的柜子，里面的古玩比外面的书还多。他写字的桌子不大，整齐干净，但是清理的时候要很小心，因为桌上摆放了很多小塑像，它们大部分来自埃及，柜子里也有许多这样的塑像，弗洛伊德常常把它们轮换着摆放。弗洛伊德酷爱收集希腊、亚述和埃及的古董，他对这些古董的感情是尽人皆知的。

在弗洛伊德迁居伦敦的时候，这些古董都被完好无损地运了过去。弗洛伊德很喜欢把这些古董作为礼物送给别人，而我们收到这些礼物后都将其视为珍宝。他的儿子恩斯特有着为数不少的收藏珍品，他总是以它们的艺术价值去评价和观赏，但弗洛伊德却总是把它们具有的历史意义和在神话学上的地位作为评价的标准。

供弗洛伊德日常起居的房间是三间接待室和一间卧室。粗算一下，这些房间至少有十二个以上的老式维也纳壁炉，而弗洛伊德的孩子们常常以家里拥有十一张桌子为荣，这是居住在附近的人家中桌子数量最多的。

在维也纳的时候，弗洛伊德除了工作还是工作。一般他会在早上 8 点接待第一位病人，也就是 7 点多就要起床，因为他经常工作到深夜，所以在早上叫醒他并不容易。有一位理发师会在每天早上到他家中给他修剪胡须，偶尔他也会顺便理个发。在这之后他会匆匆吃完早饭，再翻一翻当天的《新自由报》(*Neue Freie Presse*)，然后开始看病。每个病人的时间是15分钟，之后休息5分钟，在这5分钟里他会清醒一下头脑，或者到后面看看家里有没有什么事情，如果他和病人约好时间的话，他绝对会准时回来。

每天下午1点是全家共进午餐的时间，这是一天中唯一一个全家人聚在一起的时刻。因为他的晚餐时间是在深夜，小孩子们都睡觉了。午餐算是他们的主餐，也是最丰盛的一餐，汤、肉食、干酪、甜点等食物一应俱全。弗洛伊德在午餐时总是全神贯注地去品味食物的味道，一句话也不说，这个习惯常常让客人很尴尬，只好和他的家人聊天，但弗洛伊德虽然不说话，却对家人的闲谈和当天的消息了如指掌。有时候哪个孩子没有赶上吃饭，他就会用一种询问的眼神看着他的太太，然后用刀叉指指那个空座位，他的太太就会向他解释那个孩子没来吃饭的原因。弗洛伊德听过之后会满足地点点头继续吃饭，因为他要的

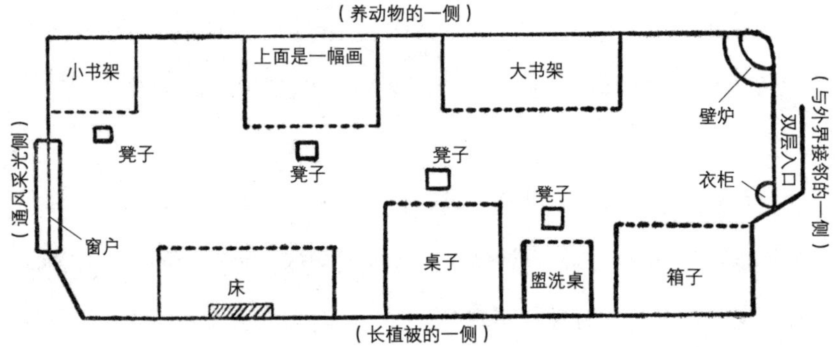

弗洛伊德房间布局图

就是知道家人都在做什么，这个习惯始终如此。

除了特别忙的时候，弗洛伊德在每天下午的 1 点到 3 点都是空闲的。每到这个时候，他都会先休息几分钟，然后再到街上开始他的保健散步运动，散步期间可能会到店里去买东西。弗洛伊德走路很快，所以那段时间他常常可以走很远的路。他常会利用这个时机把新书的样稿拿给出版家多伊蒂克（Deuticke）和后来的黑勒（Heller），更重要的是利用这个时机到米夏埃勒（Michaeller）教堂附近的烟草店去买雪茄，把他的雪茄袋装满。下午 3 点又到了他看病的时间，在诊疗的时候他会穿上半长的诊疗褂子。这段时间会持续到晚上 9 点，有时候特别繁忙，时间就会延续到晚上 10 点，所以说他一天中用在分析上的时间长达十二到十三个小时。

从 1 点午餐结束到 9 点之间，他什么也不吃。这段时间在我们看来似乎相当漫长，但对于弗洛伊德来说却十分享受。直到他六十五岁之后才在下午 5 点的时候喝一杯咖啡。

弗洛伊德在吃晚餐的时候和中午完全不同，他不再关注于食物，而是边吃边和家人轻松地闲谈。晚餐之后他会再散一次步，不过这次不再是一个人，而是和他的太太、小姨子或者是女儿一道。有时候他们还会利用这个时间到咖啡馆坐一会儿，夏天他们会到兰德曼咖啡馆（Café Landmann），冬天则通常会去中央咖啡馆。有时候他的女儿们会去看戏，弗洛伊德就会事先和她们约好在某个路灯下集合，把她们护送回家。

弗洛伊德的大女儿曾经谈起过一件关于他如何对待家人的事情。

她说当时她十四岁，有一次和父亲一道去散步，她走在父亲的右边。这个场景被她的同学看到了，那位同学说他们走路的位置错了，孩子应该永远走在父亲的左边。当时她骄傲地回答："我的父亲可不是那样，我和他在一起时永远是一位女士。"

散步回来的弗洛伊德会马上回到书房专心地工作。首先是回信，之后是他的论文。有时他还得为他主编的期刊做工作，甚至是校对自己的手稿。所以他基本上都在凌晨1点后上床休息，很多时候要更晚。

上文讲的都是弗洛伊德生活中的一些规律性活动，但偶尔也会有一些变化。比如每周三维也纳协会的例会，会上他会宣读自己的论文，还要参加大家的讨论。隔周的周二，他要参加犹太社区的例会，有时候他也会在这里宣读论文。但不管多忙，他从不在周六晚上安排事情，因为这是他最喜欢的打牌时间。周六晚上他很少去看戏，但只要工作允许，他还是对戏剧很感兴趣的，尤其是对莎士比亚的戏剧和莫扎特的歌剧。

周日是休息日，这天他不会接待病人。每到这天的早晨，弗洛伊德总是和家里的一两个人一道去看望自己的母亲，如果在母亲家碰见了自己的兄弟姐妹，他们就会高兴地聊个不停。弗洛伊德是一个家庭观念很重的人，不管家里有什么困难，他都会尽力帮助而且会提出很明智的建议或者忠告。在每周看望母亲的时候，他总是多听少说，但每次听到严重的问题，比如钱财方面的问题时，他都会和他的弟弟亚历山大安静地商讨解决方法。从母亲那里回来后，他有时会去拜访朋友，有时会接待来访的客人，不过这种情况很少，一年也没有几次。后来，周日成为弗洛伊德最喜欢的一天，他利用这一天去看望来自海外的精神分析界的朋友们，因为只有这一天他才能有充裕的时间和他们畅谈。我本人就有好几次和他聊到凌晨 3 点，虽然我忘乎所以的聊天使他的睡眠时间大大缩短，但他觉得很难结束这样兴致高昂的畅谈。

通常在周日的晚上，他的母亲和兄弟姐妹都会到他家里聚餐。但是弗洛伊德吃完饭后从不耽搁，他会直奔自己的房间，如果别人有话对他说就得到他的房间去找他，因为周日也是弗洛伊德写作的时间，在这段时间里他写出了大量作品。

所有人都知道弗洛伊德烟抽得很凶，他平均每天要抽二十支雪茄。只消看到他抽不到烟的难受样子就知道他抽烟已经不仅仅是习惯，而且是一种瘾。他一生中有两段时间没有吸烟，一段是战争的最后几年，一段是他晚年的时候，为了他的健康着想所以给他抽不含尼古丁的香烟，气得他把脸耷拉得老长。他虽然烟抽得多，但是从不多喝酒，就像他当年写给未婚妻的信上说的，他没有嗜酒的坏习惯。他年轻时有时候喝酒，但从来不喝啤酒和烈性酒。只有在旅行的时候，他一定会尝尝各个地方的特产酒，但在家里他很少准备酒，而且在维也纳时期几乎滴酒不沾。他这么做并不是要坚守自己的某个原则，而是因为他不喜欢那种随便喝一点就晕沉沉的感觉，弗洛伊德希望自己能时刻保持清晰的意识。

弗洛伊德的衣着谈不上时髦或者出众，但总是整洁得体。战前他总是穿黑色的西服配白色低领的衬衫，领口系着一个方便的蝴蝶结领结，他那件半长的外衣只有在特殊情况下才会穿。当时维也纳流行一种黑色的大礼帽，他也有一顶。另一顶丝帽仅在他出席极个别的庆典活动时才会戴，不过他总是极力避免出席这种场合。

由于社会上流传着许多关于弗洛伊德婚姻生活的谣传，我觉得我有必要在这里澄清一下。在弗洛伊德的爱情生活中，玛莎的确是他唯一的对象，甚至被他视若珍宝。在他的心目中没有任何人的地位能够超越玛莎。虽然他在婚姻生活中热情的部分比大多数男人都结束得早，但却用他一生的奉献和全心全意的理解弥补了这些遗憾。有位作家曾经说过：“玛莎简直成了洗衣做饭的保姆，她从没有休息过也没想过要休息，因为即使房间打扫干净了，她还得去整理坐垫等，工作永远也做不完。”其实这话说得不准确，玛莎虽然是一位很能干的主妇，但是对于她而言，“家务第一”远没有“家庭第一”形容得贴切。另外玛莎绝对不是保姆型的人，她实际上是一位注重生活格调的高级知识分子，每天晚上她都看书，并且总能赶上最新的学术潮流，直到她死前依旧如此。那时曾有很多大名鼎鼎的文豪到他家做客，其中托马斯·曼的到访让玛莎高兴不已，因为这是她最喜欢的作家之一。玛莎很少有机会或许也没有兴趣去从事纯学术性的研究，而且她对丈夫事业的具体情况也不是很清楚。在弗洛伊德的信中提到过的格拉迪瓦、达·芬奇、摩西等人的著作，这些知识中有一部分是来自玛莎。

玛莎的妹妹明娜和他们一起住了四十二年，对于弗洛伊德的工作来讲，她比姐姐了解得更多。弗洛伊德在枯燥寂寞的晚年曾说，世界上会对他的寂寞表示同情的只有两个人，一个是弗利斯，另一个就是明娜。明娜说话灵巧刻薄，她总能逗得全家都非常开心。说弗洛伊德欣赏她直来直去的说话方式一点也不为过，但如果说她取代了玛莎在他感情中的地位就完全是胡说八道了。

有位美国作家写了一本书，内容涉及弗洛伊德和他的孩子们之间的关系。书中的两个主观猜测的描述让弗洛伊德的儿子们震惊不已。第一个是说弗洛伊德对孩子们的感情并不是真情流露。说起这个我就想起了他和女儿在一起的一个画面，那时她已经是一个学生了，老大不小的年纪还在他的大腿上撒娇，这种情景绝对是一种真情的流露。对于弗洛伊德而言，能和孩子们在一起分享快乐是他最大的乐趣。假日里全家人在一起的时候，他也会把宝贵的时间分给自己的孩子们。书中说到的第二件事是说弗洛伊德是一位严厉的父亲，说孩子们是在敬畏和绝对的服从中长大的。但事实正好相反，如果说他在家庭教育方面确实存在问题，那么唯一的一点就是过分放任。在那个年代，很少有人家会让孩子们自由发展性格并且很少限制孩子的活动甚至几乎不处罚他们。而弗洛伊德的教育观念已经走在了这个时代的前沿，并且他的教育效果非常好，他的儿子和女儿后来的发展都很令人满意。

弗洛伊德的家里有一种很独特的气氛，这也是他家最独特的地方——和谐。他家的孩子们和父母一样，有着很强的幽默感，所以他们的生活中时刻都充满了欢笑，偶尔也会彼此开个玩笑，但是绝对没有恶意的捉弄或者乱发脾气的情况。他们全家人都没有争吵的记忆，而孩子和父母争吵更是绝对没有的事情。总之，整个家庭的气氛是自由、友善和极度和谐的。弗洛伊德不是一个很开放的人，他是那种不

弗洛伊德与未婚妻玛莎·贝尔奈斯，1885 年

敢在陌生人面前亲吻自己太太的人，但是他放射出来的深情却能够温暖和鼓舞全家人。

在孩子的养育上，弗洛伊德尽职尽责，他希望自己的孩子们不要尝到自己年轻时所受的金钱方面的困扰。他计划在孩子们能够独立工作之前满足他们一切教育和兴趣上的需求，但到他们有能力自力更生的时候就切断对他们的一切经济支持。他不仅不让孩子们受到金钱方面的困扰，也尽量不让他们知道这方面的事情。在这点上，他的态度未免太极端了些，如果当年他就让孩子们明白金钱在生活中的地位，那么孩子们后来的日子也许会过得更好。但不管怎么说，他的这种养育方式没有什么不好的。

弗洛伊德常说人生中有三件事情是不能计较钱的，那就是健康、教育和旅行。除此以外，他还认为让孩子们穿得体面对于他们的自重自爱很有益处。

弗洛伊德特别注意孩子的假期和旅游方面的事情，他认为绝不能因为没钱而让孩子扫兴。所以在这方面都是孩子们要什么，他就给什么，孩子们也从没有辜负他的好意，从这点上足以证明他们性格中的善良。另一方面，因为他习惯于为别人着想，所以他常常为朋友们的经济状况考虑，这种美德正是他大儿子需要的，因为他最知心的朋友家境非常贫寒。每当他们两人要去爬山旅行的时候，弗洛伊德总会先问清儿子的那位朋友会带多少钱去，然后给他儿子带同样数量的钱，他认为这样那位朋友才不会不自在。

弗洛伊德收入的主要来源是从事治疗工作。战前他的治疗费用是40克朗，这在当时维也纳的医生中算是很高的，一些零星地只看一次病的病人付的费用被他看做是额外的收入，他把这些钱另外存起来以满足自己收集古董的嗜好。著作方面的收入起先是很微薄的，他就把这些钱当做礼物分发给孩子们。送礼物是他最喜欢做的事情，而且他经常等不及就提前把礼物送出去了，所以赶上孩子的生日时，虽然他太太会去阻止，但他还是在生日的前一天晚上就把礼物送到孩子的手上了。这只是弗洛伊德热情的性格中能够表现出迫不及待的众多例子之一而已。每天早上邮差来送信也是他期待的一件事情，他不仅喜欢收信，而且如果朋友们没能像自己那样很快回信的话，他也会很快不耐烦起来。

在当时那个年代，奥地利人很少能准时申报自己的所得税，弗洛伊德也不例外，他这种首先考虑家庭需要其次是国王需要的想法并不奇怪。1913年，税收部门给他一份公文，上面表达了对他所得没有增加的惊奇，因为“谁都知道你的名气已经遍及国内外了”。弗洛伊德很刻薄地回了一封信，上面说：“弗洛伊德拜读过贵公文后深感荣幸，这是政府第一次关注到我这个平民百姓，我内心万分感激，但是有一点我不同意，那就是文中所说的我的名声已经遍及国内外，实际上我的名声就是由国外传到国内的。”

弗洛伊德对于做生意没有兴趣，他把所有节省下来的钱都投入到保险和政府的债券上去，并且也从没做过证券交易的勾当。不过他的这些积蓄都因为战后的通货膨胀赔光了，等他再有积蓄的时候他仍然购买政府债券，但是大部分钱却被他存到国外比较安全的银行去了。在他晚年的时候，他的银行家儿子马丁为他理财，弗洛伊德则全权交给他处理。如果我们回想一下他年轻时因为经济窘迫而遭受的痛苦，我们就会知道他这种对钱的态度再正常不过了，现实世界中很需要他这种态度，理智而且不掺杂个人感情。他比一般人都要慷慨，不仅给予亲朋好友们许多帮助，而且对那些穷困的学生也给予最大限度的同情和资助，因为他亲身经历过这种困苦。

弗洛伊德很关注最新和离自己最近的消息或者政治上的事情，但他自己并不参与。他比较认同社会党的激进改革政策，但他本人并不是社会主义者。他的弟弟亚历山大进入政界后坚决地反对社会主义，每次亚历山大言辞猛烈地批判社会主义的时候，他都安详和蔼地笑着听他畅所欲言。在大选中，他从没有投过社会党的票，但是也不会投敌对的反闪族基督社会党的票，有时候弱势的自由党会在弗洛伊德所在的选区里推举一位候选人，这时弗洛伊德就会把票投给他。

弗洛伊德在七十岁之前没得过大病，但是常年受到小毛病的困扰。在他给朋友的信中常常提到他的肠胃病，这个病的主要症状是慢性便

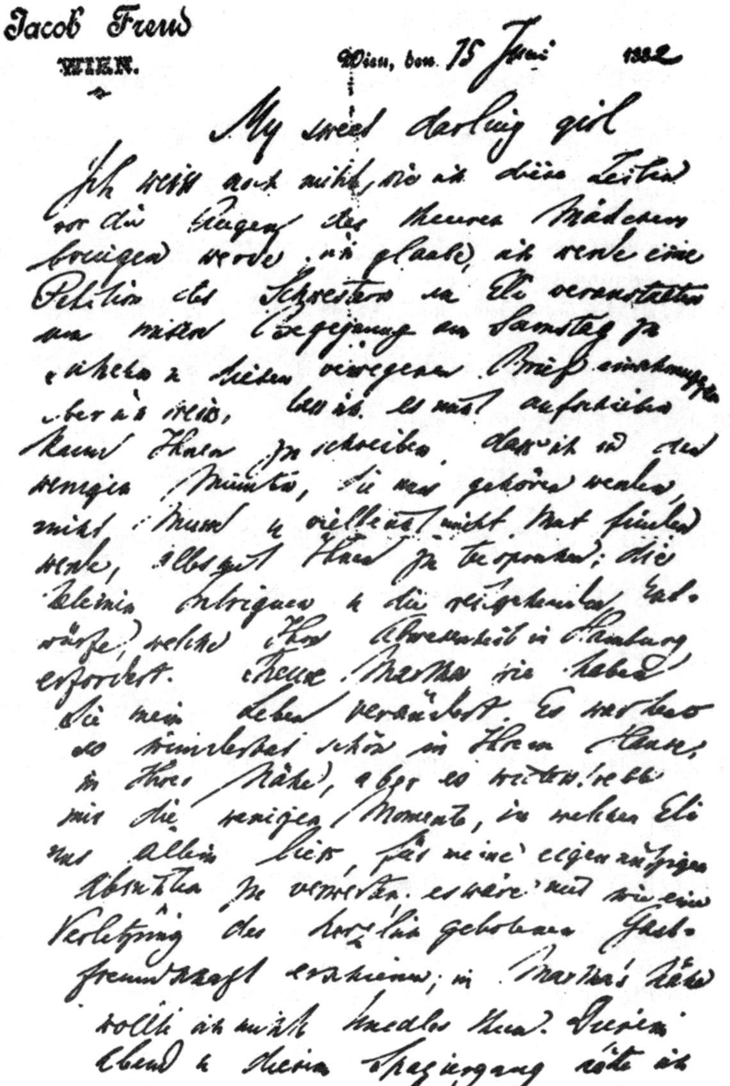
Jacob Freud
WIEN.
Wien, den 15 Juni 1882
My sweet darling girl

弗洛伊德致玛莎的求婚信，1882 年 6 月 15 日

秘，病因一直没有查清，什么样的诊断都有，有说是大肠炎的，有说是胆囊发炎的，有说是消化不良的，还有说是慢性阑尾炎的。这些病对于他这样整天坐着的人来说的确是容易得的病，不过这个病症也有一部分是神经质遗留下来的，因为在他进行自我分析之前，神经质曾让他费尽心思。

另外，他还有一些别的毛病，比如说风湿病，他的右手尤其严重，发病的时候写字都很困难，而且他这种常年写字的人偶尔也会发生书写痉挛（writers cramp）的情况。他还有严重的偏头痛和反复发作的鼻窦炎，晚年的时候前列腺也出现问题。

死亡这个问题贯穿了弗洛伊德的一生，他先是沉思死亡的意义，继而害怕死亡，最后渴望得到死亡的解脱。这个问题他也常和我们谈到，而他这样做的原因是他年事已高，知道自己时日无多后产生了心理负担。弗利斯的周期计算法测算出弗洛伊德能够活到五十一岁，但如果五十一岁那年安然度过，他也将会在 1918 年 2 月死去，当那个日子又平静地度过以后，他自嘲地说："可见这种超自然的事情真是不能相信！"

休假日对于弗洛伊德来说确实具有非凡的意义，每次他坐上驶离维也纳的火车都会大大地长舒一口气，好像离开了这可恨的地方他便解放了一样。在离开之前的几个月甚至在年初，他会与家人一遍一遍地讨论，筹划着找到一个风景宜人的避暑胜地。在复活节时，他常会提前走一遍旅游路线，然后回来给家人作一个有意思的报告。他们全家都对旅行很在行，而他们的要求也很特别，必须是一栋舒适的房子，里面一定要有一间可以让弗洛伊德随时写作的房间，要在一定的海拔高度上，有充足的阳光和清新的空气，附近要有能够散步的森林，要有很多的蘑菇可供采摘，要有美丽的景色，最后也最重要的是宁静，要远离名胜古迹。

战前的假日，弗洛伊德总会穿上当地的蒂罗尔式（Tyrolese）衣服、吊带短裤，头上戴着有小皮刷的绿色小帽子，手上会拿着一根结实的拐杖出去运动；天气不好时，他就披上一件阿尔卑斯产的粗毛披肩。之后他穿过一阵过膝的半长裤，后来又穿过一阵比较正统的灰色半长大衣。

弗洛伊德早先很喜欢玩滚球，不过后来他的主要运动还是散步。他是一个很会走路的人，他走起路来总是那么轻盈，步伐很快而且不会疲倦。

弗洛伊德在假日最大的消遣就是采蘑菇，尤其喜欢独自去找。他在这方面有着极其敏锐的观察力，他能够说出蘑菇生长的大概区域，甚至在火车外一闪而过的地方他也知道哪些区域有蘑菇。有时候他会和孩子们一起出去找蘑菇，他经常会独自行动，这时孩子们就知道马上就能听到父亲找到蘑菇时的笑声了。他找到蘑菇时总会先悄悄地爬过去，然后猛地用帽子扣住蘑菇，好像它是鸟或者蝴蝶一样，生怕它飞走。他们还会不停地寻找那些很难见到的小野花，等有空了再去认真地辨认它的类别。他的一个女儿曾经对我说，他很希望教给孩子们三件事，关于野花的知识、寻找蘑菇的艺术和玩牌的技巧，他本人在这三个方面都堪称高手。

在旅行中，弗洛伊德会有两个比较女性化的表现。第一是他没有方向感，所以只要到农村，他就找不到回去的路。他的儿子对我说过，当他们走完一段很长的路之后，他会不可思议地向一个错误的方向走回去，不过他很清楚自己这一点，并且很快就会听从他们的指引。其二是他对旅行的细节关注得不够，他根本看不懂火车时刻表，所以复杂的旅行都是由他弟弟亚历山大安排，后来由他的儿子奥利弗安排，这两个人都是旅行专家。弗洛伊德常常为了赶火车提前很久就到车站，虽然他的准备时间非常充裕，但他还是经常把行李弄错。

这类旅行通常要花去他六周的时间，然后他就觉得需要长途旅行了，他的目标总是希望到意大利旅游，而且有家人同行。

关于弗洛伊德写作的习惯没有特别要说明的。我们可以从他写作的范围和回信数量的惊人程度推测出，他喜欢写作这项活动，他一直都用手写，直到七十多岁的时候，他的小女儿才帮他分担了少许书写的工作。弗洛伊德从不会像特罗皮安（Trollopian）那样强迫自己每天写多少个字，他的灵感像诗人一样没有规律，有时候几个星期甚至几个月都写不出半点东西，之后会有强烈的写作冲动，再经过一段缓慢而又痛苦的挣扎之后，他由拼命地一天写出几行到达潜力爆发的时刻，几周之后就会有一篇重要的文章问世。这里说的几个星期不是说他把整天的时间都用在写作上，而是他在一天劳累的工作之余剩下的那一点时间。

在弗洛伊德进入最佳工作状态之前，总有一段时间，他会觉得周身不适，并且越来越不舒服，直到他身体最健康、心情也最舒畅的时候，他的写作也会进行得非常顺畅。他觉得有一种力量在鼓励他大量地写作，包括科学著作和其他东西。他对这一点的解释是，他每天都要听进去太多的东西，所以他必须释放出来，使他从被动地听转变为主动地创作。暑假常常会带给弗洛伊德一些新的构想，当然这是因为在前几个月的工作中从病人那里获得的多方面的印象产生的效果。每当一个假期结束，在 10 月回到维也纳的时候，他都带回一种急于写作的情绪。在 1913 年写给费伦奇的一封信中他说道，他相信自己每七年就会问世一部好作品，明显这又是受到了弗利斯周期律的影响。

弗洛伊德每天都会随手做一些手边的事情，因为他是一个闲不住的人，他曾说："我完全无法想象那种整天没事做的日子，我的生活离不开工作和探究的想象力，除此之外我对什么都不感兴趣，要不是因为'心情决定生产力'这个可怕的想法，我觉得工作绝对是幸福和快乐的最佳方法。失去灵感或者没有动力的时候我们怎么办？一想到这件事很可能会发生，我就情不自禁地发抖。这就是我堂堂正正做人，但是还需要私下里做做祈祷的原因，我会这样祈祷：不要伤残，不要因为肉体的病痛削减了自己的力量，我希望自己能像麦克白（King Macbeth）说的那样'死能马革裹尸'（Well die with harness on）一般，英勇地死在热爱的工作之中。"

经过许多年被歧视的生活，在大战之后弗洛伊德总算成为了真正的名人。这件事很容易看出来，他不是一个善于掩饰的人，而且他也不会否认这一点。他只把它看成一件很普通的事情也很自然地接受了，并且也会为越来越高的声誉而高兴。但他从来没有为了出名花什么心思，这纯属意料之外的事情。他曾经说过："没有一个人是为了成名而写作的，因为名声总是很短暂的，也没有人会妄想永远被世人记住。我们写作的最主要目的是要满足自己内心的某些需要，而不是为了别人，虽然当别人看到了我们的努力、认可了我们的成就时会让我们产生强烈的满足感，但写作终究还是因为自己内心的碰撞，是为我们自己写的。"

弗洛伊德总是很谦虚地评价自己，下面的话就很典型："我的能力和才能很有限，对于自然科学我没有一点天赋，对数学和其他涉及量的方面我也同样没有天赋，我有的天赋可能微乎其微，只是它比较强烈罢了。"

好几个人曾经问过我，弗洛伊德的犹太血统对他的观念和工作有多大影响，特别是犹太人，他们总希望我能给出肯定的答案。从某种角度讲，他的犹太血统确实具有很重要的地位，犹太血统中面对强敌仍能够沉稳应战和立场坚定的作风都在弗洛伊德身上得到了彻底的印证。他也认为自己之所以能够坚定信念，没有被外界强烈的反对所影响，是因为犹太人的坚强性格特质在支撑着他。这一点也适用于他的追随者，因为他们大部分也是犹太人。在第一次世界大战之前，只有四个非犹太裔人士能够扛得住反精神分析的狂轰乱炸，这四个人是宾斯汪格（Binswanger）、奥伯霍尔泽（Oberholzer）、费斯特和我。

弗洛伊德相信，人们之所以对精神分析学令人惊讶的新发现表示反对，多半是受到了反闪人那种思想偏见的影响，这种影响愈演愈烈，反对也就成为不可避免的了。他在给亚伯拉罕的信中曾经谈到瑞士反闪人的最初反对征兆："我觉得我们如果想和别人合作就必须得像所有的犹太人一样有点受虐狂的心态，时刻准备接受不公正的抨击，除此之外没有任何变通的方法能够使我们和他们携手工作。也许你都能想到，如果我的名字换作奥伯胡伯尔（Oberhuber）的话，那么我的新观念受到的阻力一定比现在小。"这段话的真实程度目前很难讲，但从我在英国的经验来看，它表达得远远不够，因为在我们这群人中只有两个犹太人，但在前十几年所受的阻力也如同泰山压顶一般。

至于是不是只有犹太人才能创造出精神分析学这样的成就出来，更是难以回答。因为真正创造精神分析学的的确是一个犹太人，但同时也有许许多多的犹太人做不到这一点。

弗洛伊德对于自己苦心树立的信念始终保持着十二万分的坚定，加上他面对外界的不理解和受到抨击时的镇静，常常被反对他的人说成是太过武断、自信，也从不愿意承认那些值得怀疑的地方。这个结论当然不对，我们可以从他著作中的许多片段看到他承认他的许多结论都是很不确定的，也是不足以成为定论的。我们更能够从他的信件中看出，如他自己所说的一样，他比任何人对自己的批评都更严厉。

虽然弗洛伊德从不敢想象他的研究在未来会有多么的重要，但是他从未怀疑过这项研究的前景，他相信总有一天人们会接受他的新发现所蕴涵的真理，这个信念自始至终鼓励着他。在1906年他写到那位反对他的阿沙芬堡（Aschaffenburg）时就说过："震撼他的是阿沙芬堡暗含着的趋势，他压制任何有关'性'这个美好世界所不齿的因素。

那么，当两个世界在这里开战时，凡是活着的生命体，都有可能是战胜者，也有可能是战败者。”

1910 年他在回复费伦奇的贺年信中又以他一贯的坦率风格谈到了这个问题，他说："新年时你给我的信让我非常开心，虽然我不善于批评别人，但我的感受能力却很强。说到我研究的价值和对未来的影响，我发现这很难说清，有时候我很自信，有时候又会怀疑，我不知道怎么才能预言出来，没准连上帝现在也不知道呢！不管怎么说，至少这项研究工作对于我们来说是有价值的，从这个角度看，我以后不会再孤独前进了，这是我最欣慰的。如果我永远年轻稚嫩，我绝对不会有任何成果，但我也绝不是因为要出名才进行研究的，再说人类天性忘恩负义，我也不敢保证这些成果会对将来的子孙带来什么好处。假如我们都能坦然地接受命运的安排，那么上面的顾虑和念头都显得微不足道了。”

弗洛伊德在自传的最后为自己的事业作了一个总体的评价：回顾我辛劳工作和跌宕起伏的一生，可以说我为许多事情开了头也抛弃了很多建议，虽然我不知道这对今后的影响是大是小，但一定会在未来有所收获。不管怎样，我希望我已经为我们知识的重大发展开辟了一条新的途径。

弗洛伊德被认为是德国的散文家，他获得 1930 年法兰克福歌德文学奖就是最好的证明。其实他更擅长的是奥地利散文，因为他对奥地利式散文的文体有种偏爱，这种文体比起北方作家们的歌德式文体有意思得多。

如果从弗洛伊德众多的著作和通信往来上看，他一定是一个才思敏捷的作家，而且他文笔相当流畅，从来不拘泥于老的形式，相反，他总是用维也纳式的自由潇洒的笔触配上清晰的表达方式，堪称绝配。不过，每一个忠实翻译过他作品的人都会觉得他不是谨慎的作家。有时候当他被问到一句有歧义的话时，他会笑呵呵地责备自己“粗心大意”，这个词虽然是自己评价自己的，但也还是言重了些。总之，弗洛伊德流畅的笔触中既有清晰明快的地方，也有不准确的地方。

弗洛伊德的词汇量很大，但是他绝对不会以此来炫耀。比如有次我问他为什么用 narzissmus（自恋）而不用更精确的 narzissismus 时，他的审美感觉胜过了语言学的要求，他简单地回答道：“我不喜

阅读《精神分析引论》手稿，1938 年 7 月于伦敦

欢那个词的发音。”对于他来说，即便是最简单的句子，也必须写出流畅、高贵的品质来。他说话也是这样，即使是最普通、最陈旧的东西，从他嘴里说出来也会变一个样。他的评论更是用词准确，直中要害。

《梦的解析》

一般来讲，大家都把《梦的解析》公认为弗洛伊德最重要的著作，也是使他名垂青史的巨著，弗洛伊德本人也同意这个观点。他在《梦的解析》英文第三版的序言中写道：“人的一生中只可能有一次这样的自我认知。”对梦的解释可以称作是一个无意间得到的宝物，因为梦的意义完全是在研究神经质病的时候偶然发现的，甚至可以说是一项意外的重大发现。

有一次我问弗洛伊德，哪些是他最喜欢的作品，他从书架上取出《梦的解析》和《性学三论》来对我说：“我希望《性学三论》这本书能很快地把这个学说普及开，让这本书过时，但是《梦的解析》会流传得更广一些。”然后他又笑着说：“我似乎命中注定要发现那些显而易见的事情，比如儿童的性意识，这是每个保姆都知道的事情；还有睡眠中做的梦和白日梦一样代表着愿望的实现，这些原本也是所有人都知道的。”

这本书会受到如此高的评价，理由很简单，因为这本书是弗洛伊德最早的著作，而且它的主要结论又出乎所有人的预料，比如梦的构建和它连带的细节，等等，都是大家难以想象的。除了梦的构建以外，更重要的是他对大家熟知的“俄狄浦斯情结”——一种小孩子与父母

二十三岁的玛莎·贝尔奈斯，1883年

之间的爱恨关系——的详细描述。另外还有他体会和认识到婴儿时期的生活在成人之后的发展中具有的极端重要性。总之，《梦的解析》不但为人类潜意识的学说打下了良好的根基，同时还建立了潜意识界的典范，这远比人类的意识对实际行为的影响更为巨大。除了上述这些之外，这本书还包含了许多对文学、神话学和教育学等学科的大量提示，比如对莎士比亚的《哈姆雷特》的分析就是一个明显的例证，这些提示都为后来的研究提供了灵感。

这本书涵盖的知识面很广泛，全书以一种巨细靡遗的方式记叙了作者对梦的研究，所以时至今日，半个世纪过去了，书中的结论几乎没有作修改和补充，一般的科学著作很少有达到这个水平的。

要追溯弗洛伊德对梦的兴趣，那就要从他孩童时代讲起。他从小就是一个爱做梦的人，甚至小时候还会把观察到的梦记录下来。他在与玛莎订婚之后的两周曾给她写信，信中说："我有很多不能解释的梦，我从来不会梦到那些白天心里所想的事情，在我梦中的都是那些在白天一闪而过的事物。"这个信息后来成为他建构梦的学说的重要组成部分。一年之后他又提出了一个快乐梦境的学说："从我的经验累积成的解梦笔记上看，这是表示旅行之类的事情。"这本笔记在他给玛莎的信中被经常提到，他自己早年的著作也经常会引用上面的文字，我们能够感知弗洛伊德从研究伊始就非常注重梦，虽然那个时候他的思维方式还非常"传统"。

他自己认为，他对梦的解释的兴趣源自两点。一个是跟踪病人的联想，从病人越来越放松的自由联想中，他发现其中总会夹杂着对梦的叙述，从这些叙述中引发了他的联想。另一个是他在对精神病人进行幻觉方面的诊疗时总是充斥着愿望得到实现的幻想。

在详细记载的档案中可以查到，弗洛伊德第一次进行梦的分析是在 1895 年 3 月 4 日，对象是布罗伊尔的侄子埃米尔·考夫曼（Emil Kaufmann）。弗洛伊德把他与他的另一个叫弗利斯的幻想精神病病人作对比，发现其中愿望的实现这一点是共通的。这个梦被编入了《梦的解析》中，是一个懒散的医科大学学生做的梦，因为他懒得起床，就梦见他已经开始在医院上班了。这个例子第一次证明了梦有实现愿望的原理存在。不过弗洛伊德说在他和布罗伊尔结束合作之前，大概是 1894 年春，他就告诉过布罗伊尔自己已经掌握解梦的方法了。

弗洛伊德很早就发现梦的本质就是潜藏的愿望的实现，这个观点在一个具有历史意义的一天——1895 年 7 月 24 日，星期三——得到了证实，那天他完成了对自己的梦的分析。这个梦就是著名的“爱玛的注射”（Irma’s injection）。有一次弗洛伊德带我到贝列渥餐馆去，我们坐在东北角的一张桌子旁，这就是事发地点。我曾经跟他说起过应该在那里立起一座纪念碑以示纪念，没曾想到他在几年前给弗利斯的信中就拿这个事情开过一个玩笑，他问弗利斯觉得那里将来会不会有一块写着“这里是对弗洛伊德讲述梦的秘密的地方，1895 年 7 月 24 日”的石碑。

四个月之后，弗洛伊德自信地发表了他的结论，梦的动机就是愿望的实现。在他从柏林拜访弗利斯回来之后就热心地草拟了一个“科学心理学研究计划”（project for a scientific psychology）的方案。他把两种不同根源的心智过程进行了全新的划分，分别命名为原发的和继发的两种，这种划分方法具有划时代的意义。他注意到，原发性的心智过程在梦中占有重要的地位，他认为当自我的沉寂降到最低限度的时候，睡眠中就不会产生梦，这是用一种自我常规抑制原发性心智过程的相对寂静和接近静止的肌肉运动来解释的。他还说到一种梦的特征，即被梦的意识接受继而产生让做梦者相信确有其事的特征，他认为这是一种退化到感受阶段的退化作用（regression），也是梦区别于其他会被切断的运动的原因。在《梦的解析》中，弗洛伊德写道：梦的机制和他熟知的神经质病症非常相似，他非常清楚每个梦都代表着一个愿望的实现，但他却无法解释为什么梦会以那样扭曲的姿态出现。在探究自由联想的时候，弗洛伊德发现有一些连贯并不会在意识中出现，比如在梦中，所以梦经常会以毫无意义的姿态出现。关于这一点的解释，他是从生理经济学角度来看的，他认为这与各个意念的相对强度有关系，但他本人对这个解释并不满意。应该注意的是，在这个方面他并没有用变态心理学中最常见的“压抑作用”来解释。

1896年5月2日，他在犹太学术厅（Jewish Academic Reading Hall）第一次作这方面的演讲，当时的听众是一群年轻人。第二年他花了两个晚上对梦的分析作了更深入的演讲。之后是1900年，这一年他已经精通了梦的分析，于是在那年的5月14日在大学开设了一门有关梦的课程。不过当时这些精彩演讲的听众只有三个人：汉斯·柯尼斯坦（Hans Königstein）、多拉·泰莱基（Dora Teleky）小姐和一位在布列斯劳的医生马尔库塞（Marcuse）。

1897 年 7 月 7 日是弗洛伊德开始自我分析的日子。他在一封信中把他对自我的了解、涉及梦境的诸多问题和严谨的成因法则等一系列的问题都详细地叙述出来，这让大家很是疑惑，其实他那时已经发现梦和神经质病在结构上的共同点。信中写道："梦中存在着简略的神经质病的心理学。"这句话让人联想到早些年休林斯·杰克逊(Hughlings Jackson ）的一句话："去研究梦的真相吧！那样你就能搞清楚精神错乱是怎么回事了！" 在一封 1897 年 10 月 15 日弗洛伊德详细记述自我分析的信中宣布了两个俄狄浦斯情结的基本要素，即对父母亲中其

弗洛伊德夫妇及女儿安娜，1898 年

中一人的爱和对另一个人的嫉恨。对于梦的学说而言，他的这个发现绝不是偶然的，因为它生动地揭示了潜意识愿望的童年根源，而潜意识的愿望正是一切梦境的原动力。他用这个方式更进一步地解释了俄狄浦斯传说的感人之处，同时也认为哈姆雷特进退两难的原因就是基于此点。弗利斯在给弗洛伊德的回信中对此事只字未提，这让弗洛伊德忧心不已，他怕自己又做错了什么，所以回信时特意要弗利斯解释不提此事的原因。

弗洛伊德第一次提到想写一本关于梦的书的愿望是在 1897 年 5 月 16 日的一封信中，这时正好是他进行自我分析之前的几个月，因为他进行自我分析的愿望也非常强烈，所以他就把两个计划同步进行，而且相互间关系紧密，几乎可以把两件事情合二为一了，可以这样说：《梦的解析》是从他的自我分析中精选出来的。他的父亲去世后的几个月里，悲伤的情绪一直笼罩着他，直到 11 月 5 日一个决定性的反应出现为止，那个时候他正在进行自我分析，他说他当时强迫自己去写那本书以求从悲伤的情绪中挣脱出来。

1897 年 9 月，他的性挑逗理论宣告失败，他回顾自己的成果时说：“当宣告一切理论失去价值的时候，唯一没有被影响的就是我的心理学学说和关于梦的学说，它们和过去一样屹立不倒。”

截止到 1898 年 2 月 9 日，弗洛伊德已经埋头撰写了将近两部著作。而其实在 1897 年 5 月的那封信之前，他就已经彻底检查过了之前发表过的文献，结果让他很高兴，因为还没有任何人提到梦是一种愿望的实现，甚至大家依旧认为梦是一种无聊的没有任何意义的东西。这本书在1899年9月完成，据此我们可以说这本书花掉了弗洛伊德整整两年的时间。

现在我们来了解一下这本书的写作进度的详细情况。1898年2月23日之前就已经有几章的内容写好了，对于这几章他评价说："看起来很不错，这让我比预期时间更早地深入到了心理学当中，我增加的部分是哲学反面的，但都不含有任何机体性欲之类的成分。"3月5日结束了书的第一部分，他认为这"无疑是写得最好的一部分"。3月10日他对全书最重要的一个部分作了一次有意思的检讨，他说："在我看来，梦是愿望的实现这个学说只是心理学意义上的解答，并没有从生物学或者形而上学的方面给我们解释。（我坦诚地征求你的建议，不知道我把超意识界的心理学称为形而上学是否正确？）如果让我从生物学的角度看，那么梦是从史前时代（一到三岁）的废墟中开始的，这里正是潜意识的发源地，也是精神神经病的唯一病源，但这个时期正是正常人开始记忆以前的部分，这与歇斯底里病人有惊人的相似。据此我们可以拟定一套公式：在这个时期所见的人就会产生将来的梦，同样听到的人就会产生将来的幻觉，同样经历到的性事在将来会产生异样的精神神经病，如果重复那段时间的经验，这本身就成为一种愿望的实现，近期新产生的愿望只有与那个时期的事物有关联或者是那个时期的衍化物又或者和那个时期的愿望融为一体的时候才会造成梦。"这段话使我们看到了弗洛伊德那种时时刻刻都在钻研的永不停歇的精神。弗洛伊德和其他真正的科学家一样，他们深刻地知道一个道理，那就是无论一个问题的解答有多么精彩，都必然会引出另一个考验这个答案的问题出现，而且一直循环往复没有尽头。

5 月 24 日他宣布完成了该书的第三部分：有关梦的建构的部分。但从这个时候开始，弗洛伊德为了撰写一般心理学的论文而把这本书暂时放下了。但令人惊奇的是他从心理学的写作中发现了变态心理学的理论，这个理论对他的帮助甚至超过了对梦的分析。因此对书的最后一章产生了莫大的影响，他在这章停顿了一段时间，一方面他自己觉得不满意，还有一方面的原因是这本书包含了太多他的切身叙述，甚至于当时他已经不想出版这本书了。

1899 年 2 月 19 日，他曾在一封信里尝试着区分梦的本质和歇斯底里的症状，因为这两者都是愿望的另一种实现。他的结论是：梦里只有被压抑的东西存在，在歇斯底里中存在的是被压抑的愿望和压抑之间的妥协。在这封信中他第一次使用了“自罚”（self-punishment）作为说明的例子。这封信过去很久以后他才在所谓的“责罚之梦”（punishment dream）中找到那种存在的妥协。

在 5 月 28 日之前，他突然“没有特别的理由”又开始热心起这本书来，而且决定出版此书，在 7 月底之前印刷出来。他说：“这个大发现有可能是唯一能给我提供经济来源的东西了，我找不到任何借口和托词来拒绝它，我不可能永远守着它让自己挨饿。”到 6 月 9 日的时候他已经不太关注这件事了，他说：“整个理论又回到了最传统的方向上，我发现所有的梦都只有一个目标，那就是睡眠，任何一个不想醒来的梦都是因为做梦者想继续睡觉的缘故，只不过它们呈现出的样子不同而已。”他在 6 月 27 日的信中说，他发现最后一章越写越长，虽然必须这样写，但是叙述的内容言之无物，他不喜欢这些东西。即使这样，他还是在第二天把第一章送去印刷。

总体上说，这本有关于梦的书写得非常好，只是有两章必要的附录让弗洛伊德头疼不已。第一个是别人发表过的相关论文的提要，从1898年12月开始，他就不间断地进行这项工作，他发现这个工作不仅吃力不讨好，而且“枯燥得要命”。7月27日前夕，这项工作终于完成了，不过他已经厌烦了这项工作，因为他发现大部分的文献都很肤浅而且没有意义，只有舍纳（Scherner）关于象征的论述还有些价值，至于弗洛伊德的主要观点，则成为了前无古人的论点[①]。

在弗洛伊德把附录完成之后首次表现出对这本书的喜爱。在他把这本书交付印刷的时候仿佛是把他身体的某一部分送出去似的，有种怅然若失的感觉，这似乎也让他对这本书的批评缓和了不少。半年之后，他在一封信中说，在很多烦闷和不开心的时候，只要一想到给后世留下了这本书他就会觉得宽慰了许多。

弗洛伊德的另一个难题是全书的最后一章，有关于讨论梦的过程心理学的内容。这一章是全书最艰深最抽象的部分，在他着手写之前也心存畏惧。在写作上轨道之后就快了许多，用他的话说：像做梦似的。经过了两个星期的时间，终于在9月上旬完成了。当时，弗洛伊

① 但在许多年以后，弗洛伊德注意到一本《现实主义者的幻想》（*Phantasies of a Realist*），该书于1899年出版，作者是唯物论者波普尔·里尔克斯（Popper Lynkeus）。该书的“亦梦亦醒”一章中写道：梦的变形是因为把不受欢迎的意念和思想加以监督和检查的结果。我们可以说这与弗洛伊德的中心理论不谋而合。

德虽然很担心心理学家对这部作品的反应，但他自己还是和往常一样，把这一章批评得体无完肤。

不仅是那一章，他对整本书的批评也是如此。比如谈到有关梦的描写的时候，他说："我不喜欢那种文体，我没法用简练的方式表达，写出的竟是些冗长的文章，我知道我有这个毛病，但在写作的时候还是避免不了，所以写不出好东西。"

在稿件最后一次校对完成后，他在 10 月 27 日前夕寄给了弗利斯一份。那本书实际上是 1899 年 11 月 4 日出版的，但是出版商故意在封面上说出版于 1900 年。封面上有一段题词，是出自维吉尔的史诗《埃涅阿斯》第 7 卷第 320 行："如果我不能撼动上天，那么我一定会使地狱震动。"（Flectere si nequeo Superos，Acheronta movebo；If I cannot bend the gods above，then I will move the infernal region.）这句话显然是针对受压抑作用的人的命运而言的，其实弗洛伊德早在三年前就已经计划用这句话作为一部心理学著作《症状之形成》中一个章节的名称。

这本书发行了六百本，卖完它们用了整整八年的时间。在最初的六个星期里卖掉了一百二十三本，之后的两年又卖了二百二十八本，这本书仅让弗洛伊德赚得了二百零九美元。

出版十八个月之后，弗洛伊德在信中说，没有任何科学期刊提到这本书，甚至非科学期刊也只是偶尔提到，可以说这本书被完全忽略了。六个星期后的《维也纳时报》发表了一篇布克哈特（Burckhardt）的评论，他曾经是伯格剧场的经理，这篇用了最愚蠢的语句和污蔑性

弗洛伊德的早期合作者布罗伊尔

质的评论的文章导致该书在维也纳断绝了销路。这篇评论陆续在 1900 年 3 月 3 日的《巡视》(*Umschau*) 和 3 月 10 日的《维也纳海外汇报》(*Wiener Fremdenblatt*) 上刊登。半年后，一篇对《梦的解析》表示称赞的评论出现在《柏林日报》(*Berliner Tageblatt*) 上，另有一篇在九个月之后的《日报》(*Der Tag*) 刊登。上述就是这本书得到的所有回应，柏林方面虽然有弗利斯的强烈支持，但也仍然没有任何周刊提到这本书。

弗洛伊德举了一个例子来说明《梦的解析》在维也纳遭到的反对。他说有一位精神科医生在完全没有读过《梦的解析》的情况下写出了一本书来反对他的学说，那个人的同事还劝阻过他不要为此浪费精力呢！这个人就是后来的雷曼（Raimann）教授。这件事情过后不久，雷曼教授在一次向四百名学生作的演讲中下结论说："你们看到了，这些病人有解除心理负担的愿望，而我们心理学界竟然有一位同人要以此建立学说，对于这种简单事实而言，建立学说无非是想赚钱。"

最终，这本书还是被心理学期刊提起，但影响力和没有提起时差不多。心理学家威廉·斯特恩（Wilhelm Stern）提醒大家要注意"一个心思不够严谨的人，很可能会乐于同别人分享他的观念，从而使人们陷入完全神秘和混乱的境地"。而李普曼（Liepmann）教授则说他的感受像是"一位艺术家用其丰富的想象力征服了一位科学研究者"。

直到 1927 年，居住在弗莱堡的霍赫（Hoche）教授才在他的著作《做梦的自我》（*Das Träumende Ich*）中，把弗洛伊德有关于梦的学说与噩梦进行综合，放在"梦的神秘"一章中，书中说："那本有名的解释梦的著作竟然被贴在厨房的破纸上。"

《梦的解析》出版以后好几年也卖不掉，很少有名著遭遇这种情况。直到十年之后，大家才发现了弗洛伊德著作的价值，一时间供不应求，只得再版发行。弗洛伊德在世时一共发行过八个版本，最后一版是在 1929 年。从本书发行直到现在，这本书没有经过重大的改写和修订，而且也没有任何改写和修订的必要。第一个不同的版本增加了说明和注解，另外还有几个地方增加了详细讨论。除此之外，他对象征作用的重要性给予了更恰当的评价，弗洛伊德承认他在这方面属于"后知后觉”。

第一次出版这本书的译本是在1913年，当时有英文和俄文两种，之后是1922年的西班牙文版，再后来是1926年的法文版、1927年的瑞典文版、1930年的日文版、1934年的匈牙利文版和1938年的捷克文版。

弗洛伊德的爱情与婚姻（一）

如果我们还不了解一个人的基本感情态度就试图去了解他的心灵以及人格，这是不太可能的事情。这种基本态度就是爱情态度，它之所以重要，是因为在人的一生中很少有像爱情这样的感情能够让一个人的心灵接受重大的考验，所以也只有爱情可以让人们见到各种各样的感情反应，这些反应都会深刻而且毫不掩饰地把一个人的人格内涵表露出来。

感情是弗洛伊德的个性中不公开的部分，只有他自己知道自身爱与关怀的能力。除了他的孩子们可以感受到他的父爱以外，他和妻子之间的爱情从来没有在他的笔下或者口中提到过。至于他的太太，每当别人问起他们订婚伊始的状态时，她也只是用那种回想起幸福回忆的会心的笑作为回答，这个答案是肯定的，但是对于其他具体的问题她却不愿作答，这样我们也就无法得到他们爱情的具体资料。其实她想表述的并不是外人想象的她眼中的爱人是如何优秀，甚至于完美，因为在她死后的 1951 年底，我有幸看到了她保存的一大沓情书。

这些信件多次差点被毁，但都侥幸逃脱保存至今。先是在订婚之后，他们准备共用一本笔记本记录他们在订婚期间的所有珍贵的记忆，并且在结婚之后把那些信都毁掉，但到了结婚的时候，弗洛伊德太太终究还是不忍心把那些记录着彼此真心相爱的珍贵书信丢掉。后来在弗洛伊德死后，她好几次想把这些信烧掉，但幸运的是都被她的女儿们阻止了。除此之外还有一本弗洛伊德恋爱时期的日记也同样被保存了下来。

弗洛伊德第一次体验到爱的滋味是在十六岁。这个年纪的爱情很显然只是幻想而已，因为这段感情与吉塞拉·弗卢斯（Gisela Fluss）小姐本人毫无关系。我们可以肯定弗洛伊德在经历过这次感情之后再也没有为感情烦恼过，直到十年后他遇到自己未来的太太玛莎为止。在一封写给玛莎的信中他曾说，他从来没有注意过女孩子，而现在他要加倍地注意这个他一直忽略了的方面。他和玛莎两人很可能都缺乏肌肤之亲的经验，因为在一封写给朴特南医生的信中他曾很随意地提到了年轻人在这方面的问题，当时他特别补充道“虽然我很少利用它”。在这个问题上，如果我们把他一丝不苟的工作态度和由此带来的压抑

八岁的弗洛伊德与父亲雅各布·弗洛伊德（Jacob Freud），1864 年

及其升华作用考虑进去，就不会觉得有什么奇怪的地方。

对弗洛伊德婚后家庭生活非常熟悉的人都会有一个印象，觉得他们两个就是天生一对，在相遇后决定白头偕老是顺理成章的事情。我们能从弗洛伊德的文字中找到的只有他们订婚之后两地分隔很久的记述，除此之外，我们只能从他的大妹妹安娜那里收集到一些资料，但这些资料更让我们搞不清状况。

好在后来在他写的情书中我们发现了一些情况，这些实际情况居然和我们原先知道的大相径庭。我们从这些情书中感受到了一份伟大而且复杂的感情，他们的感情历经重重曲折，有达到快乐巅峰的时候，也有沮丧跌落至深渊的时候，这其中饱含着种种喜怒哀乐，让人们感触颇深。

弗洛伊德写给未婚妻的信有九百多封。从他们订婚到结婚，中间隔了四年零三个月，这其中有整整三年时间他们是分隔两地的。他们的习惯是每天写信，偶尔中断两三天会让他们很难受，这时他们会费好大的力气去解释才能释怀。每当弗洛伊德没有收到信的日子，他的朋友就会调侃他说不相信他真的订了婚。但有时他们也会一天写两三封信，即便是这样的日子，他们的信也极少有短篇幅的。四页长的信对于他们来说是最短的，有时候他们的信会密密麻麻地写满十二页，甚至有一封达到了二十二页。在他们最初通信的时候，弗洛伊德曾经问过玛莎喜欢拉丁文的信还是歌德式的，玛莎选择了后者，这可苦了后来为弗洛伊德写传记的人。

在讨论弗洛伊德和玛莎之间的关系前还是先介绍一下这位准新娘

吧。玛莎·贝尔奈斯（Martha Bernays）出生于1861年7月26日，她比弗洛伊德小五岁，出生于一个显赫的犹太家庭。她的祖父伊萨克·贝尔奈斯（Isaac Bernays）在改革运动达到高峰的1848年前后曾是驻汉堡的犹太正教领袖，当时他奋力抵抗革命势力。伊萨克和海涅很熟，在海涅的信中常常提到他的名字，而且把他称为具有高度智慧的人。此外，伊萨克的兄弟是第一个在犹太报纸上把海涅的诗发表出来的人，他受到海涅的尊崇程度不亚于马克思。伊萨克的儿子中，迈克尔（Michael）成为了慕尼黑大学的德文教授，这是牺牲了自己的信仰才换来的职位，此后他又成为巴伐利亚鲁特卫克王的御前教师，曾著有一本研究歌德的巨著。按照犹太人的习俗，他的弟弟雅各布（Jacob）要为叛教的哥哥服丧，雅各布是海德堡大学的拉丁文和希腊文教师，但是他拒绝像哥哥那样用信仰换取教授的职位。迈克尔还有一个弟弟贝尔曼（Berman），他就是玛莎的父亲，贝尔曼一生经商，但他始终是位虔诚的犹太教信徒。

1869年，玛莎八岁的时候，贝尔曼携全家迁到维也纳居住。玛莎清晰地记得那个情景，在离开可爱的汉堡之前，母亲流下了难过的眼泪，泪水滴落到炉灶上发出了嗞嗞的声音。她母亲直到后来再次回到老家时才又开心起来。玛莎的父亲到维也纳之后出任一位著名威尼斯经济学家——洛伦茨·冯·施泰因（Lorenz von Stein）的秘书。1879年12月9日深夜，贝尔曼因心脏病突发死在寒冷的街道上。他死后的几年里，他的儿子埃利（Eli）继续担任秘书一职。

玛莎是一个皮肤白皙、身材瘦弱娇小的女孩子，她的娇小可人吸引了很多男性的目光，这点可以从许多爱慕者和追求者的热情中看出来，这些也让弗洛伊德嫉妒不已。虽然玛莎的信中从未提到过这些事情，不过在他们婚后，我们还是能从玛莎口中听出一些端倪。在她遇到弗洛伊德之前，她差点就和一个年纪比她大很多的商人胡戈·卡迪施（Hugo Kadisch）订婚甚至结婚了。幸亏她的哥哥埃利全力阻止，告诉她没有爱情的婚姻是最愚蠢的事，他们才结束关系。

玛莎对自己的美貌总是很谦虚，弗洛伊德就用他一贯的坦荡口吻对玛莎说："我知道在画家或者雕刻家眼中，你并不算出众，如果你坚持要我客观评价的话，我必须承认你不算漂亮，但我这么说可能并不准确。我说自己评价的不准确不是因为要奉承你，我也不会奉承，我想说的是你的容貌和身材相互间完美地结合在了一起。你的外表透露出你内心无比甜蜜、温柔和理性的特质。我对外表的美丽总是不太在意，但我要告诉你，很多人都说你很美丽，我对这点毫不怀疑。"他在第二封信中也提到了玛莎的外表，对于二十二岁的女孩子来说，这次同样没让玛莎多么高兴，他说："别忘了，美丽是短暂的，而我们终将相守一生，一旦年轻时鲜艳美丽的外表成为过去，那么唯一留下的美丽的东西就只剩我们内心中的善良和彼此间那份了解了，这点正是你出众的地方。"

虽然玛莎算不上是一个有学问的人，但她天资聪慧而且受过良好的教育。在后来的岁月里，她把全部精力都用于处理日常生活中的大小事务。

弗洛伊德一直都很为玛莎的健康担心，他常常对玛莎说，她的一生只有两个义务，一个是保持健康，另一个是爱他。在他们订婚的头两年，他总是要她坚持吃药和喝酒，我们从这点上可以推断，玛莎和许多同龄女孩子一样得了萎黄病[1]。

玛莎的哥哥埃利和弗洛伊德的大妹妹安娜在1883年10月14日结婚。一般人都会以为他们订婚的时间在弗洛伊德和玛莎订婚之前，以为弗洛伊德是在埃利和安娜订婚的时候才认识玛莎的，事实正好相反，弗洛伊德和玛莎是在1882年6月17日订婚的，这个时间比埃利订婚的时间提早了半年多。

1882年4月的一个晚上，玛莎去拜访弗洛伊德家，一同随行的可能还有她的妹妹明娜（Minna）。通常弗洛伊德下班回家后总是直接回到自己的房间里继续工作，不管家里有没有客人。但是这天晚上他却被一个景象完全吸引住了，他看见一个快乐的少女坐在餐桌旁，一边高兴地聊天一边削着苹果。让所有人都感到意外的是，这次他居然加入进来，和大家一起聊天，这相识的第一眼便决定了他们的命运。开始的几个星期他总是显得不善言辞，甚至有些行为古怪，他不敢直接追求玛莎。直到他发现自己已经陷得太深后，连忙展开了追求攻势，他曾说："不能继续忍受自己不诚实地面对这样一个女孩子。"从那时候开始，他每天送给玛莎一朵红玫瑰，还会在附带的卡片上写下拉丁文、西班牙文、英文或者德文的箴言。弗洛伊德后来回忆说，他第一次表白的时候把玛莎比喻成拥有玫瑰和珍珠般嘴唇的公主，但是想不

① 又称缺铁性贫血，是女孩子的多发病，患病时面色苍白得可怕，也有人称这种病为绿色贫血。

起来当时说玛莎的嘴唇会说出善意还是亲切什么的。因为这个比喻，他给玛莎取了一个自己非常满意的昵称“公主”。

同年 5 月的最后一天，他们手牵手在卡伦堡（Kahlenberg）散步，这是他们第一次单独外出。弗洛伊德在那天的日记中记录到，他很奇怪自己像玛莎对自己一样，对她那么疏远。在那天散步的时候，玛莎拒绝了他送的橡树叶，这在他看来是一种冷淡的表示，从此他就恨上了橡树。第二天，他陪着玛莎和玛莎的母亲去闲逛，路上他问了玛莎很多关于她的问题。回到家，玛莎就把这些情况告诉了妹妹明娜，还问了妹妹的看法，但她得到的答复竟然是“谢谢这位医生对我们的关心”。

6 月 8 日，弗洛伊德发现玛莎在给她的表哥马克制作一个皮包，他顿时失望不已，以为自己迟了一步。但是两天后，他们在茅德林的某个花园中找到了一株双叶杏树，维也纳人把这种树叫做“爱之树”（Vieliebchen），凡是见到这种树的人都要互相赠送礼物，这时玛莎对弗洛伊德的好感已经全部表露出来，显然他们之间已经不再是单恋了，他至此才第一次看到希望。

十二岁的弗洛伊德，1868 年

第二天玛莎亲手做了一个蛋糕，还在上面签上了自己的全名，准备和弗洛伊德一同分享。就在她要把蛋糕送过去的时候收到了一本弗洛伊德送来的书：《大卫·科波菲尔》。所以她又在蛋糕上加上了几句道谢的话，签上了“玛莎”。又过了两天，到了6月13日，她到他家里去聚餐，弗洛伊德把签有玛莎名字的卡片收起来作为纪念。玛莎为了表示对这个做法的喜悦之情，在桌子下面把他的手按住。他们俩的这种眉目传情并不是没被别人注意到，弗洛伊德的妹妹们全都看在眼里。第二天是星期三，她又给他写了一封信，但是直到周六，也就是他们订婚那天弗洛伊德才收到。星期四的时候，他们和埃利一起出去散步，玛莎告诉弗洛伊德自己已经在巴丹为他采下了一朵盛开的菩提花，准备在周六订婚的那天送给他。听到这个消息，弗洛伊德很受鼓舞，他原本只被允许写信给玛莎，而且可以直呼玛莎的名字，但他想更亲密地叫“你”，于是他回家后给玛莎写了一封信，信中流露出无比的羞怯、犹豫和谨慎，要她同意自己可以称她为“你”。

下面就是玛莎收到那封信后的反应，当弗洛伊德再次在自己家见到玛莎的时候，玛莎把当年父亲送给母亲，之后母亲又转送给自己的一枚戒指送给了弗洛伊德。当然了，那个戒指对于玛莎来说太大了，但弗洛伊德把它戴在小拇指上正合适。他仿照这个戒指的款式给玛莎也定做了一个小的。在这之后的不到一个月，弗洛伊德的那枚戒指发生了一个意外，他说：“现在我要告诉你一件很重要的事情，希望你能诚实地回答我，上周二晚上11点的时候，你是不是没有平时那么喜欢我了，还是比平时更讨厌我了，或者是你对我不忠了？你知道我为什么会问这么无聊的问题吗？因为趁这个好机会我正好可以消除迷信。就在发生意外的那一个瞬间，我的戒指镶嵌着珍珠的地方断裂了，我必须承认我当时并没有心情不好，也没有什么预示着婚姻出现问题的预感，更没有担心你会对我变心，或许敏感的男人会当即想到上面那些想法上去，但是我当时的唯一想法就是要把戒指修好，我相信这种意外是很难避免的。”这件事情是这样的，当时一位外科医生正在用刀子敲打弗洛伊德的脖子以减轻他胸闷的毛病，他疼痛难忍的时候就一拳敲在桌子上把戒指弄破了，这个意外发生的时候，玛莎所做的所谓坏事，顶多是在吃一块蛋糕而已。我们了解到，在一年后弗洛伊德胸闷的毛病再次发作的时候，虽然这次症状比较轻微，但是戒指又破了，甚至连珍珠都丢了。又过了一年，玛莎送给弗洛伊德一个新的镶嵌珍珠的戒指。而弗洛伊德买得起的第一个戒指是镶嵌着石榴石的平庸而且普通的戒指，那是在 1883 年 12 月他送给玛莎的订婚戒指。

那个决定命运的星期六是 6 月 17 日，这是他们永远怀念的一天，因为他们在这一天私订终身，此后就自认是已经订过婚的未婚夫妻了。他们为了纪念这一天，甚至有好几年都在每个月的 17 日庆祝一番，这个习惯一直延续到 1885 年 2 月，他们才不再在自己的信中提到这个纪念日。在当时，他们订婚的消息是一个绝对的机密，他们一直非常小心翼翼地保守秘密。他们都觉得玛莎的一位订了婚的朋友弗里茨·瓦勒（Fritz Wahle）给她写信不会太引人注意，所以就请这位朋友写了一大堆的信封，但是在背面的右上角标注上一个 M，表示这封信的真正寄信人。而玛莎写给弗洛伊德的信则发到布吕克研究所，由所里的一位助手转交给他。

从他们相识开始，玛莎便对弗洛伊德的性格留下了深刻的印象。这其中令弗洛伊德尤其高兴的是，玛莎觉得他像她的父亲。这一点我们可以从玛莎写给他的信中看出来，就是从那个时候开始，玛莎真心而且深深地爱上了弗洛伊德。不过弗洛伊德在很长一段时间里都怀疑玛莎对自己的感情，就在他们结婚之前，他还在用所谓的“虚情假意”责备她。事实上，他比她早了九个月爱上对方，而她一开始时却违背自己良心地接受了他，这让弗洛伊德经历了一段想被爱而不得的时期。在他的众多责备中，有一点指出得很精确，那就是她的爱情原本就需要比较长的时间才能热烈起来，达到弗洛伊德一下子就能达到的那种热烈程度。不过弗洛伊德并不理解这一点，因为他的想法一旦生根就很难再改变。1884 年 4 月 9 日，他在一封信中说这是玛莎犯过的唯一的错误，这封信两年之后，他也开始承认大多数女孩子在答应订婚的时候并没有真正的爱情，这要到以后才能发展出来。

弗洛伊德对爱人的态度不仅仅是痴迷，简直可以说是一部伟大的受难曲(grande passion)。他自己就可以感受到爱情的那种惊人的力量，饱尝了爱情的酸甜苦辣和喜怒哀乐，爱还把他天性中所有热情的部分都激发了出来，如果有人要选出一个最有资格讨论爱情的权威，他所选的一定是弗洛伊德。

他们分开的那天，弗洛伊德生怕自己会从这场美梦中惊醒，因为他当时根本不敢相信自己有这样的福气，但是在一个星期之后，他开始反问自己为什么不能得到他应得的幸福，因为他的幸福根本就不是梦，而是实实在在的。

弗洛伊德讨厌对事实的逃避和对事实的妥协这个特性也在他一生中重大的感情经验中表现得淋漓尽致。他认为他们之间的关系要绝对和谐，容不得半点暧昧，甚至有时候会让人觉得他的目标不是“结合”（union），而是“融合”（fusinn）。这种目标在任何夫妻间都是不可能的，所以碰到性格坚定的人势必会遭遇很多挫折，玛莎就是这样一个人，她看起来甜美可人，但性格却不是百依百顺。在他们分开不到一周的时候，他那种不现实的企图心就隐隐地显露了出来，他希望她完全按照自己的想法行事。玛莎在信中责备他不应该送那么奢侈的礼物给她，她说“你不应该这样做”。这句话立刻引起了他的反驳，但是在他指责玛莎之后，他又像往常一样自责起来。

不久后发生了一件更严重的事情。在认识弗洛伊德以前，玛莎的确把自己的表哥、住在汉堡的马克作为第一人选，知道这事以后弗洛伊德非常吃醋，不仅如此，他的姐妹们还不怀好意地火上浇油说玛莎对马克为自己作的曲子或者为她演唱的歌曲是多么的感兴趣，玛莎正需要爱情，所以马克早就被认定是她的丈夫了，等等，这更让弗洛伊德妒火中烧。

弗洛伊德比一般人更容易自寻烦恼。就这件小事，事后他写信说他已经克服了原来写信时的那种情绪，而且觉得羞愧得不能自已。他说：“我跟自己说，这世上还有比这更疯狂的事情吗？你没有出众的美德或者优点，却赢得了自己深爱着的人的芳心，可你竟然在一个星期后毫无道理地指责她，还用嫉妒去折磨她……只要能有一个像玛莎这样的女孩子喜欢我，我就不会再去害怕一个马克或者是一群马克了……这恰恰是我深陷爱情的一种愚笨和自寻烦恼的表现……现在我已经把这种情绪当做疾病一样抖掉了……我对马克的嫉意是因为我对自己的不自信，并不是因为不信任你。”但是这样思路清晰的时刻并没有保持太长时间，他总是一次又一次地丧失理智。

很快就有另外一个更棘手的人物取代了马克在弗洛伊德信中的位置，这个人弗洛伊德并不陌生，而且他们还是亲密的朋友，这个人就是弗里茨。马克是一位音乐家，弗里茨是一位艺术家，这点让弗洛伊德很不安。弗洛伊德曾经研究和考证过他们讨好女人的能力，有一次弗洛伊德听别人说弗里茨诱拐别人的女人相当有名。“我觉得艺术家和投身科学工作的人之间，通常都会存在一种敌对的关系。所有人都知道艺术家们拥有一把万能钥匙，它能开启女人的心房，而我们这些搞科学研究工作的人只能无助地面对那把设计精妙的锁，为了找到合适的钥匙先把自己折磨一番。”

弗里茨虽然已经和玛莎的表姐爱丽丝订婚了，但他始终保持着与玛莎的关系，他以兄长的身份带她外出，而且在各方面都给予玛莎鼓励。很显然他们之间只是一种亲密的朋友关系，但是玛莎至少有一次让他吻过，这一次就发生在弗洛伊德和玛莎牵手在卡伦堡散步的那一天，而且那天散步的时候玛莎还曾在不经意间把自己的手从弗洛伊德手中抽出来过。这个让人烦心的消息是事后从他的朋友桑柏那里听说的，当时桑柏只是描述了一下蛛丝马迹就让弗洛伊德很难过了，在弗洛伊德的强烈要求下，桑柏只好把最坏的情况说了出来。这件事情之所以爆发是因为弗里茨认为他与玛莎的这种交往方式不需要改变，而且玛莎也没有表示过想要改变，很明显他们都没有感受到潜伏着的危机。开始时，虽然弗洛伊德知道玛莎和弗里茨之间的通信往来，虽然他不理解也觉得不太合适但没有太留意这件事。后来是桑柏注意到弗里茨的一个奇怪的行为：他听到朋友订婚的消息后会在瞬间泪流满面。从这以后，不管玛莎的来信多么富有感情，他也不停地抱怨玛莎冷落了他，连写来的信都是冷冰冰的。

桑柏为此叫上他们两个人一同到咖啡馆里去谈谈，希望能保住他们的友谊。弗里茨表现得确实很奇怪，他威胁弗洛伊德说，如果弗洛伊德没有带给玛莎快乐，他就要杀了弗洛伊德然后自杀。弗洛伊德并不知道其中的端倪，还放声大笑起来，这又激怒了弗里茨，他不知羞耻地说假如他写信给玛莎让她不再理会弗洛伊德，她肯定会听他的。弗洛伊德并不在意他说的话，这时弗里茨找来了纸和笔开始给玛莎写信。弗洛伊德坚持要看这封信，不看还没事，一看就不禁怒火中烧，桑柏也读了那封信，同样被震惊了，因为信里赫然有“我亲爱的玛莎”和“不朽的爱情”之类的词句。弗洛伊德把这封信撕得粉碎，弗里茨懊悔不已，他沮丧地走出了咖啡馆，他们赶紧跟出来，希望他能冷静下来，可是他只是一味地痛哭，哭到连弗洛伊德都心软了下来，甚至也闪着泪花地抓住他的肩膀把他送回了家。但是第二天弗洛伊德就不再心软了，他还以自己头一天的软弱为耻，他说：“一个让我流泪的人必须做很多补救才能得到我的原谅，他以后不会再是我的朋友了，如果他成为我的敌人那么算他倒霉，因为我的体格比他强壮，真的比

十六岁的弗洛伊德与母亲，1872 年

试起来他绝对不是我的对手。”而弗洛伊德对于弗里茨阻挠他和玛莎的事情则说自己不会顾及任何情面。

弗洛伊德最后终于弄清楚了事情的真实情况，那就是弗里茨已经在不知不觉中爱上了玛莎，但是对于这个看法玛莎却不赞同，她说弗里茨只不过是自己的一位老朋友而已。弗洛伊德认为："解决这个事情的办法只有一种，因为在逻辑学的领域里，相互矛盾的事情不能同时存在，但是在爱情上，他们则可以相安无事，同时存在且同时发展。如果像弗里茨说的，那就等于是要否定一半的生命，至少是否认感情的矛盾性在艺术家的感情世界中的存在，这是因为艺术家是一些不会理性控制自己情感的人。”这就是当时这位未来的心理学家弗洛伊德说的话。

弗洛伊德的上述看法，玛莎都不同意，她认为她和弗里茨就是单纯的友谊关系，这一点也在几天后与弗里茨见面时得到了他的特别保证。或许玛莎在潜意识中对他们的关系都非常清楚，因为她表现出了一种仁慈的女人对待失恋的人的典型态度，她对弗里茨很同情，弗洛伊德决心不惜一切代价，想办法凑钱回到汪德斯贝克去，他要把他与玛莎之间的感情修补好。果然，他在他们的订婚日那天到达了汪德斯贝克，从 6 月 17 日开始共逗留了十天，这是他第一次造访这个地方，之后他还来过几次。他在告诉玛莎他要去汪德斯贝克的信中写道："每个人都知道，当相爱的人相遇，便是到了旅途的终点站。”

不过事情并没有这么简单。在他离开玛莎之前，他遇到了一些几乎难以承受的事情。先是弗里茨以弗洛伊德折磨玛莎为由，要玛莎放弃弗洛伊德。这让弗洛伊德开始怀疑自己到底能否把玛莎留住，虽然他想得过于严重了，但无论如何还是给了他相当大的震撼。后来玛莎给弗里茨回信并向他保证自己和他的关系没有受到任何改变，听到这个消息的弗洛伊德几乎崩溃了，他深更半夜在街上漫无目的地走了好几个小时。

因为他去汪德斯贝克的计划需要秘密进行，所以也有不小的困难。首先他必须瞒着玛莎的哥哥埃利，他假装要到瑞士去旅游，但因为当时是雨季，所以很难让人相信这些话。等他到达目的地后住在玻士特旅馆里，又开始想办法在不惊动玛莎家人的情况下见到玛莎，以至于他去见玛莎的一位朋友时都使用了假名，如果不是他有胡子，他一定会戴上个假胡子乔装一下的。弗洛伊德在失望和沮丧中度过了一天又一天，直到玛莎安排好在汉堡市场附近会面时心情才有所好转。就像他说的："女人在这方面比男人聪明多了。"在汪德斯贝克的几次见面都非常愉快，回到维也纳后他在信中说那几次见面让他情绪十分高涨。

也许就在这个时候，他提出了一个建议，说他们应该把订婚的第一年当做试验阶段，玛莎给予的回复是"无聊"，这样他就打消了这个念头。其实他的说法是为了考验玛莎，事后他承认如果当时真的那么理智冷酷的话也许再过一个星期他们就彻底分手了。

好景不长，这次重新找回的快乐并没有维持太长时间。在他回去后一个多星期，他承认自己对玛莎的指责没有原来估计的客观，之前他只是被自己蒙蔽住了，现在他承认自己是在嫉妒。嫉妒心多么强的人啊！因此他体会到了强烈嫉妒带来的各种痛苦的折磨，在他思路清晰的时候他也明白，是他对自己吸引力的不自信导致了自己不信任玛莎的爱。可越是这样事情就变得越糟。他觉得自己没有音乐家或者艺术家那样的吸引女孩子的魅力，他觉得总有一种念头在他脑海里打转，那就是马克和弗里茨都和玛莎亲近过，他已经无法取代他们的位置，这种想法被他归结为自己年轻时不在乎女人所应该接受的惩罚。这些念头使他沮丧得几乎到了万劫不复的痛苦境地，甚至连笔都不想碰。过了这个阶段之后，愤怒的情绪代替了之前的沮丧，他说："每次想

三十五岁的弗洛伊德，1891 年

起你写给弗里茨的信和我们在卡伦堡时的情景，我就控制不了自己的情绪，如果那时给我毁灭世界的力量，即便是要毁灭我们所有人，即便新的世界不再有你和我，我也会毫不犹豫地毁灭这个世界。”

两个星期后，他在给玛莎的信中提到了弗里茨，他说假如换一个环境的话，也许弗里茨会是一个让他敬重的人，但是现在他恨弗里茨，而且对玛莎说绝对不要试图劝他们两人重归于好，因为每每想起这段回忆都让他痛苦不已，最好不要提。9 月 11 日玛莎回到维也纳的时候，还有许多迹象表明弗里茨完全没有在这种不利的情况下退出的打算。这时桑柏被迫介入了他们的纠纷，他写了一封信给玛莎，想开诚布公地把整个事情弄个清楚。同时弗洛伊德也告诉她，除非她拒绝弗里茨的所有表示，否则就结束他们之间的关系。第一次谈判并没有得到理想的结果，玛莎不是顾左右而言他就是闭口不谈，因为她不愿意把这么难得在一起的美好时光浪费掉，但是弗洛伊德已经下定了决心，最终她只好表态会对弗里茨采取应有的态度。弗洛伊德后来还和玛莎说起过好多次，如果当时玛莎不答应弗洛伊德那样对待弗里茨的话，他们早就分手了。从这时候开始，弗里茨再也没有给他们找任何麻烦，但他们为此受到的创伤却需要很长的时间才能愈合。事情过去三年后，弗洛伊德还把这段痛苦的经历说成是“忘不掉的”。

这件事情过后又出现了两位更难招架的对手。他们都是玛莎的家人，一位是她的哥哥埃利，另一位是她的母亲。我先来介绍一下这两个人。埃利·贝尔奈斯比玛莎大一岁，也是弗洛伊德的知心朋友。他性格豪爽，最擅长送礼的学问，他曾经送过一张美国独立纪念的图片给弗洛伊德，弗洛伊德视若珍宝，一直挂在医院宿舍的床头。在他俩感情破裂之前，弗洛伊德非常喜欢这位朋友，所以事后他才说这次事件耗费了他的“最大努力”才得以解决。埃利是这两家人中最神气的一个，他不但是精明的商人，还出版一本经济学方面的刊物。自从1879年埃利的父亲去世后，这个家就靠他一个人支撑着，他供养自己的母亲和两个妹妹，另外在他和安娜结婚以后也帮了弗洛伊德家不少忙，当然这是后话。对于人生的看法，他不像弗洛伊德那样严肃，弗洛伊德甚至认为他是一个被骄纵坏了的人，因为埃利是贝尔奈斯家的长子，也是唯一的儿子，但是弗洛伊德这个判断显然是错的。

玛莎的母亲爱梅玲·贝尔奈斯出生于1830年5月13日，卒于1910年10月26日。她是一位智慧而且受过良好教育的女人，她的家族居住在北欧的斯堪的纳维亚，所以她说瑞典话也非常流利。她和她的丈夫都严格地遵守正统犹太教的教义，因此她也这样教育她的孩子，并且要他们也这样做。这就是症结所在，因为弗洛伊德根本不信什么教义，甚至把这些看做是迷信。玛莎不顾母亲的想法，在禁止书写的安息日[1]瞒着母亲跑到花园中用铅笔代替平时的钢笔和墨水给弗洛伊德写信。类似这样的事情让弗洛伊德很反感，他甚至指责玛莎“软弱”，不敢站起来反抗母亲。很早的时候弗洛伊德就对她说过：“埃利肯定不会想到我要把你变成一个异教徒……”如果只看日常生活中的观点，那么弗洛伊德在改造玛莎这方面无疑是非常成功的。弗洛伊德第一次

① 犹太教的安息日为每周六。

在信中提到她母亲时说："她虽然很吸引人，但是太冷漠了，我猜她对我的态度会永远这样。我已经尽力在她身上找寻和你的相同点，但是我发现没有半点一样的地方。她那种高昂的热情多少带有一些刻意降低身份说一些客套话的意思，显得好像处处都要人尊敬她似的，我能想到今后我和她的关系一定不会融洽。不过我并不会逃避这件事。有两件事情我必须得说一下：第一，她现在开始对我的弟弟不好，你知道这个弟弟是我最疼爱的；第二，我决定不让我的玛莎继续做那些虔诚到疯狂的举动和忍受饥饿的折磨，这会损害你的健康。"玛莎的母亲最让弗洛伊德不满的地方就是她那种洋洋自得的神气劲和爱舒服的习气，因为这些和他那种刨根问底、追求甚解和不畏艰险的精神完全相反。除了这些，弗洛伊德还对她一大把年纪还要掌管家中事务的样子颇为不满，弗洛伊德的母亲在上了年纪以后就退居二线，一切以儿女的利益为重，这和玛莎母亲那种要身兼父职，并且稳坐一家之长的态度截然相反。在弗洛伊德看来，这完全是因为她的态度过于男性化，而他对这种态度永远是持抵制或者否定态度的。在这一点上，桑柏和他的看法完全一致，认为这纯粹是一种自私的表现。

其实在玛莎的一生中，除了弗洛伊德以外再也没有别的男人存在过，这也包括她的那个"男性化"的母亲，所以很明显这是弗洛伊德在自寻烦恼。玛莎对自己母亲的态度完全是一种挚爱和无条件的服从，从玛莎的角度看，她母亲那种坚定的意志不能说是自私，而应该说是毋庸置疑和值得钦佩的。但玛莎的妹妹明娜却有胆量正面批评母亲，这点就是明娜和弗洛伊德观点一致的地方。在玛莎和明娜的对比上面，弗洛伊德曾经用心理学的词汇描述过："你并不是很爱她，只不过是竭尽全力地体谅她的苦心；明娜是真正爱她的人，但是却总是对她有许多要求。"

1882年的7月，埃利和弗洛伊德住在一起。这也充分证明了两家人关系的亲密。埃利对弗洛伊德友善又亲切，以至于弗洛伊德有事情瞒着他都会觉得不好意思。不过订婚两个星期后，他就把埃利看成他的"头号情敌"，又过了几个星期之后，他对埃利的看法由往日的亲切友善变成了"忍无可忍"。

没过多久，问题就显现出来了。当时正值十六岁的亚历山大正在为埃利工作，同时也是学习他后来一生都要从事的工作的时候。按照当时的习俗，学徒是没有薪水的，但是亚历山大工作了九个星期之后，弗洛伊德刻意让亚历山大索要薪水，如果埃利不同意或者不痛快地给钱，他就直接辞职。埃利当时答应他从1月份开始付薪水，也就是两个月后，但是亚历山大完全听从哥哥的叮嘱，不管不顾地走了。这件事让埃利头疼不已，他向弗洛伊德抱怨，但得到的回应却是弗洛伊德那种典型的固执和决不妥协的态度。埃利把他这种不可理喻的态度告诉了弗洛伊德的母亲，但是母亲通常都站在自己儿子一边，她也不例外。与此同时，弗洛伊德也把这件事情跟玛莎详细地讨论过，玛莎虽然对弗洛伊德的苛刻要求嗤之以鼻，但是终究站在了弗洛伊德这边。弗洛伊德后来曾说起这件事，当时他觉得自己做得完全正确，所以如果玛莎不站在自己这边，可能当时两个人就分道扬镳了。站在玛莎的立场上看，她被夹在两个家庭之间也很为难，所以她恳求弗洛伊德一定要想办法挽救两家人的关系。弗洛伊德当然不愿意这么做，但他还是做了一些努力。他给贝尔奈斯太太写了一封信，在开头的几句寒暄之后他就表明了自己的态度，而且也不顾及贝尔奈斯太太的感受就把这些事情和盘托出并且从不同的角度加以分析和解释。可惜的是他这番努力换来的却是最坏的结果，这封信被撕得粉碎，而且很有可能是那位愤怒的岳母大人撕的。弗洛伊德在外交上的表现从来都没有高明过。这封信的碎片至今被保存着。

尽管事情发生过很多波折，但是后来似乎风平浪静了。那时候社会地位和经济地位比弗洛伊德家任何人都高的埃利正在追求弗洛伊德的妹妹，过年后他们还订了婚。这件事让弗洛伊德非常高兴，因为他觉得当时埃利完全可以找一个比自己妹妹更好的对象，但是却愿意与一个贫穷的女孩子结婚，他一定是一个好人，所以他又对埃利好起来。

弗洛伊德在伦敦寓所中，1938 年

或许是埃利订婚的喜讯让两家人非常开心，再加上圣诞节前后那种温暖和煦的家庭氛围的缘故，弗洛伊德和玛莎决定把他们的秘密向她的母亲宣布。12 月 26 日，他们把这个消息告诉了她。当时他们肯定不知道贝尔奈斯太太听到这个消息后会有怎样的心情，但是种种迹象表明，她的确是过了好久才能接受自己的女儿爱上了一个既没有能力也没有前途更不认同她的宗教观念的人这一事实。

弗洛伊德在 1 月 22 日给明娜的一封信里写道："我们必须坦白地承认，我们对待埃利的态度是不公平的，在所有重要的事情中他都表现得那样理性和崇高。"

这年的 1 月，弗洛伊德和玛莎这对恋人开始动笔写一些关于他们订婚的情景，这是预备在将来的某天读出来的，使用的本子就是他们那本"秘密记录"。这样做的初衷是因为他们都觉得住在一起之后会少了很多书信往来，这样就没法再互相提醒那些值得纪念的日子。在这本"秘密记录"上，他们两人轮流执笔，写的内容是日记和一些自我反省的综合。开头一段是弗洛伊德写的，在下面一节他写道："在我内心深处有一些敏感的地方和执著的情怀，它们不容易被排解也不容易被祛除。每当我深刻地自我检讨的时候，我总觉得上天对我不薄，虽然它只赋予我微乎其微的才能，这些才能根本无法让我出人头地，但它却赋予了我对待真理的大无畏精神，让我热衷于探究真理；它还给了我一双研究家一样锐利的眼睛，它使我对生命有着正确的看法；它还让我天生就对工作认真努力，并且让我从中得到无限的乐趣。这些就是上天给我的最好礼物，为此我可以忍受在其他方面的匮乏……

我会和玛莎一步一个脚印地完成我们的一个个心愿，虽然远大的理想遥遥无期，但我们会同心协力地度过这一生。”在这个本子上他们还一起研究历史和诗词，他说这“不是为人生积累研究成果，而是为了丰富生活”。

弗洛伊德对埃利的成见在 1883 年 3 月死灰复燃，而且比之前更加强烈。那时候弗洛伊德因为某些不方便在这里说出的理由与埃利产生意见分歧，这种分歧一直持续到他和玛莎结婚之后，而玛莎或多或少也同意弗洛伊德的看法。意见分歧中尤其以埃利支持他母亲举家移居汉堡最为强烈，因为这件事，这两位好朋友好几年都不再讲话，甚至连 1883 年妹妹安娜的婚礼弗洛伊德都没有出席。未参加婚礼还有一个理由是弗洛伊德一向讨厌正式的交际场合，埃利和安娜的婚礼举行得相当正式，而且弗洛伊德还听说婚礼上举行了一个“让人反感透顶”的庆典活动。也许弗洛伊德没有想到，在他大喜的日子也免不了举行这样的庆典。

十八个月后，埃利来弗洛伊德家拜访，正巧赶上弗洛伊德打算出门，他们见面只是互相点头致意一下，没有说话。趁着埃利不在家，弗洛伊德赶忙跑到妹妹家祝贺她生了一个男孩，但他向安娜特别说明了一下，他这次造访并不代表着与埃利的恩怨一笔勾销。

1892 年，埃利为了看看自己能否在美国有所发展就到美国去了一趟。第二年他带着自己的家人在纽约正式定居。这个时候弗洛伊德对埃利的态度已经不像之前那么坏了，他不仅帮助埃利渡过移民时候的经济难关，还让埃利的一个孩子露西住在他家，直到一年后埃利在美国站稳脚跟为止。此后，他们两人一直维持着相当好的朋友关系，亲情也一直维持得很好。几年后，弗洛伊德的侄子爱德华·贝尔奈斯建议他把《精神分析引论》翻译成英文在美国出版发行，弗洛伊德接受了这个建议。

在弗洛伊德和埃利决裂的时期，弗洛伊德没有去过玛莎家里，所以差不多在两个月的时间里，他们只能偶尔在街上或者在弗洛伊德狭小的家中见面。这种情形一直持续到 5 月 1 日才开始转变，那天弗洛伊德在医院里有了自己的房间，此后她常到那里去看他。更严重的是弗洛伊德对玛莎的态度上的要求，她必须改变过去对所有人都和颜悦色的做法，而且要在他和她哥哥或者母亲发生争执时站在他这边。换句话说，她现在必须明白，她实际上已经不再属于她的家庭，而只属于他一个人，她也必须放弃她和母亲还有哥哥一直信奉的“宗教偏见”。那时玛莎除了谨慎行事，力求相安无事之外没有别的办法，但是这种谨慎小心和逃避的态度又是弗洛伊德最反感的，他喜欢的方式是公开面对冲突并且把事情的对错评判清楚。

玛莎的母亲迁居汉堡的计划已经安排妥当，桑柏强烈反对他的爱人明娜离开他，但是反对没有作用，甚至骂她母亲是一个自私的老女人也没有用；相反埃利却全力支持母亲的计划，因为母亲不在身边对于他来说会更自在一些。玛莎为此表示过反对，也恳求母亲不要离开，但是她的举动没有弗洛伊德希望的那样强烈，因为在她眼中，母亲的意愿就是法律。最终玛莎全家还是移居汉堡了，这成为他们之间不和的另一个原因。1883 年 6 月 17 日，弗洛伊德第二次与玛莎分开，事先他们不知道这次分别会对他俩的未来造成多大影响。玛莎的母亲为了安抚弗洛伊德，就跟他说她们这次去汉堡只是先看看是不是喜欢那里的环境，之后才能决定是否要定居在那里。后来弗洛伊德常常觉得这些是对他的一种“欺骗”。

最让弗洛伊德烦恼的是玛莎的健康状况。他生怕她本已经苍白的脸颊和眼眶下的蓝色纹理会因为长期缺乏他的热情怀抱而加剧，这种不能经常见面的环境会让病情更加恶化。他的这个想法为后来他所谓的订婚后焦虑性神经质病的理论开创了先河。综观玛莎移居汉堡后的状况，弗洛伊德确实比玛莎受到了更大也更严重的影响。他在那段时间的状况非常凄凉，那时的他还没有开始任何能够让他的职业或者婚姻看到美好前景的研究工作，而且本身家庭负担重，唯一能够安慰他、给他支持的玛莎也不能再听他诉说自己的烦恼了。这种困境也让他开始憎恨她的母亲和哥哥，责怪他们完全不顾及自己的优点；甚至他也开始怨恨玛莎，怪她当初没有更坚决地反对。分开之后的一个月里，他的生活痛苦不堪，她的生活也一片混乱，这个时候很容易发生的误解也在他们之间产生了，凭借弗洛伊德的执著精神，他们之间的误会逐渐升级，最终演变成了悲剧。这种悲剧性正是弗洛伊德一生中情感的最大特征，仅靠一些只言片语根本不能把这种特征完全呈现出来，但是无论从什么角度讲，要引述他的那些长信又不太合适。

上文中已经讲过在弗洛伊德的性格中，感情比玛莎来得强烈这一点，但除此之外，他们两人的特质还有很多的不同。玛莎有着一般女性渴望被爱的天性，但是她能在获得了想要的之后对此深信不疑，相反，弗洛伊德却不同于一般的男人，他总是希望获得更多更深的爱，而且对于自己是不是已经得到自己想要的东西总是抱着怀疑的态度，他对此永远没有自信，也因此在一次又一次对玛莎对他的爱的怀疑中被自己折磨得痛苦不堪，更因为这样他才会渴望玛莎能够经常安慰他，给予他保证。弗洛伊德常常会想出一些特别的实验，希望能验证玛莎对自己的爱，在这些试探方法中有一些并不妥当，有一些甚至不合情理，最明显的例子就是他要求玛莎和自己完全一致，无论是意见、感觉或是意向判断。在他看来，如果能从玛莎身上看到自己的"印记"，这才说明玛莎真正属于他了，如果两个人不能达到完全一致就很难说

1909年，赴美国克拉克大学讲学期间与校长霍尔（后排右一）、助手荣格（前排右一）、欧内斯特·琼斯（后排左一）等合影

会不会订婚。在一年多以后，他居然能够忍受玛莎反抗他时的那种痛苦了，而且他会为玛莎的反抗感到高兴，因为他感受到了玛莎坚毅的性格，这让他觉得弥足珍贵。

通常玛莎和弗洛伊德的兴趣都很相同，所以对弗洛伊德这方面的考验她很轻松就能过关，但是如果碰到必须降低她的生活标准甚至否定的时候，她还是会坚定自己的立场。弗洛伊德那种霸道的占有欲和感情上的绝对排他性以及对待外人时要站在同一阵营的要求常常会受到玛莎那种倔强个性的抵抗，这让弗洛伊德毫无办法，最后他居然渐渐对这方面考验的失败高兴起来。虽然弗洛伊德热切盼望有一个人能够跟他站在同一战线共同奋斗，但是他需要的绝对不是一个洋娃娃。

一般来讲，一对刚订婚或者结婚的人通常都会自然地经过一段彼此适应的阶段，在这个过程中接受每一偶发事件的引导，努力使生活和谐快乐，但他们不会顾虑到这样做对他们会有什么影响。弗洛伊德则正好相反，他一开始就深切地知道有这样一个“工作”是他们必须面对的，而且他已经在心里准备好了一个系统的计划，他认为“彼此宽容的结果只能是使彼此疏远，这样做一点好处也没有，正确的做法应该是在遇到困难的时候克服它们”。因为他天生对一知半解或者半途而废感到厌恶，也由于他那种不畏艰苦一定要揪出事实真理根源的决心，再加上他积极的个性，使他成为一个不好惹的家伙，他甚至承认如果在别人身上找不到可以纠正的错误的话他一定会无聊透顶，所以玛莎按照正常订婚夫妇所做的一切努力在他看来都只能促成他们分手。以上这些事情都发生在订婚一两个月以后。

似乎所有的迹象都表明弗洛伊德的爱情生活极其隐秘，也许对这一点我们应该谨慎地为之辩护一下，因为这种事情本来就只能在最恰当的情况下才能够放开胆量随性地表现出来。弗洛伊德和他最爱的太太之间的关系也让我们觉得他总是在投注感情之前先给对方一个难以接受的批评，在他内心深处潜藏着的宽宏大量和爱情总被一层苦涩的外衣覆盖上，这常常会给外人一个错误的假象，认为他个性有些问题甚至于扭曲。在他们结婚前夕，他曾跟玛莎说过，他从来没有把自己最好的一面展示给玛莎看，也许在他们携手走过一生之后这一面也不会显露出来。但玛莎出众的地方就在于她有着一颗坚定不会动摇的心，她深信只要和他在一起，不管遇到多么复杂的感情问题，他们的爱情也会突破困难取得胜利，这个信心就是支持她完成整个冒险历程的重要支柱。

他们于 1883 年 6 月分离之后的两个星期是他们所经历过的最难熬的时期之一。玛莎在她甜蜜而富有耐心的信中表示同意弗洛伊德的要求，做一名与他共同奋斗的同伴，但她也清楚地表示自己绝对不会在他攻击她家人的时候和他站在一边。为此，弗洛伊德一封又一封地给她写信，责备她的软弱、怯懦，责怪她不敢勇敢地正视现实的痛苦，反而一再地逃避重点。6 月 30 日，他们之间的争论终于缓和下来，那时弗洛伊德说除非玛莎承认并且答应他的要求，否则他只能承认他们的感情失败，因为那个时候他已经在这个问题上花费了全部的精力，坚持不下去了。他说：“那我们别再通信了，这样我就不会再对你有任何要求，我那颗满怀炙热渴望的心也会随之死去，剩下的只是我孤单地一个人继续在我的岗位上尽我未完成的义务，等到我成功的那一天，也许你会发现我其实是一个谦和又懂得体贴的好伴侣……如果你不是我想象的那个样子，那也不是你的错，毕竟我在还没有了解你之前就爱上了你。”玛莎比他更不希望他继续颓废下去，她回信说：“作为一个女人，她应该做的是软化男人，而不是让男人颓废。”这封信果然达到了预期的效果。7 月 1 日他在回信中说：“我决定放弃我之前对你的所有要求，我以前要求你做的那些完全是要求一个共同作战的同伴，但是我坚强得完全可以一个人作战，我并不是需要你做我的同伴，以后你再也不会听到我半点刺耳的字眼。我发现我以前那样要求你并没有得到任何效果，如果再继续下去恐怕我就要失去我最爱的你了。我过去一直在要求你天性中没有的东西，但我却没有给你一点的回报……显然你已经放弃了我的那些没有意义的要求，同时也放弃了我整个情绪和思想所不懈追求的那个部分，但至少你把最珍贵的那个我所钟爱的甜蜜的你留给了我。”弗洛伊德后来常常表示，能渡过这样的难关他很为自己高兴，他说：“这样的往事比起在一起的几个小时都来得重要，它能让相爱的人更加亲密，血和苦难总是能够建造出最坚固的桥让人们迈向美好的未来。”

从那些年来经济窘迫带给弗洛伊德的困扰中我们能知道很多事情，在后面我们还会谈到。无疑经济问题就是唯一阻碍他和未婚妻结婚的阻碍，也是她家反对他作为女婿的重要理由。他连最基本的礼物都买不起这点就很让他很受打击，毕竟结婚是他凄凉的一生中绝对重要的“大日子”。虽然他很讨厌经济方面的问题，但他还是做了最大的努力去往好的方面想，他在信中写道："我对自己的贫穷状况一直很满足，试想一下，如果一个人的成功和他应得的成正比的话，那么我们岂不是要失去我们最为珍贵而夺目的爱情吗？我不知道你是真的爱我本人还是爱我的名气或者地位，如果我不幸的话，那个女人会说'既然你毫无价值，我也不会再爱你了！'那么这就像人们把自己的价值标注在胸前一样可恶。"他还说："只有我们共同生活的日子才能称得上生命乐章中的华美诗篇。"

他们因为这次分离经历了两三个星期的痛苦时光，之后是一段宁静的日子。直到第二个月的月底，弗洛伊德还认为玛莎全家会迁回到维也纳，就算他们当时真的回来了，弗洛伊德也不敢说他会真心欢迎他们回来，因为一旦那样，就又会遇到之前的那些困难，比如在医院或者大街上短暂地见面，等等，这肯定会让他工作时分心，而且他热情的拥抱也有可能损害玛莎的健康。这些理由看上去很有道理，但他绝对没有想到未来的一年他是多么的孤寂，多么的思念玛莎。贝尔奈斯太太当然不会搬回来，不过他的适应能力还算不错，第二年平静地过去了。但是在最后还是出现了问题，虽

弗洛伊德的重要追随者桑多·费伦齐，1913 年

然在第二年 5 月前他还乐观地觉得他们之间不会再发生争吵了，没料到只过了不到两周的时间平静的日子就结束了，由于他强烈主张要她经济独立，连带着勾起了之前的怨恨，所以他再次责备玛莎当初不应该同意搬家。

其实在这次争吵之前，大概在 2 月底前后，他们还发生了两三次暴风骤雨般的争执。在这次争吵前夕他还说过分别的八个月快得像一个星期一样，当然这基本上是因为他当时正专注于解剖学的研究。这次争吵的原因还是老问题，就是玛莎总站在她母亲一边，而导火线或许是当时他坐骨神经痛的程度已经影响到他的情绪了，不过他的情绪确实会被无缘无故地激起，我们可以发现其中的规律性变化。这件事没过多久就过去了，他那种“狂暴的激情”也平静了，取而代之的是异乎强烈的爱和温柔，他承认道：“亲爱的，你一直在等待的是一个不太好相处的男人，但我希望自己能成为一个绝不让你后悔的人。”

这次的坐骨神经痛已经表现出弗洛伊德晚年时期最明显的一个特点，那就是他既不喜欢彷徨无助的感觉，又极端向往独立解决问题。在他生病的时候，亲戚朋友们不曾间断地来看望他，他虽然知道不能赶走他们或者拒绝他们的看望，但是心里却讨厌得不得了，他说：“我现在就像一个坐月子的女人，我有的时候甚至诅咒他们那种巨细靡遗的关心，我情愿听一些没有情感的字眼，宁愿健康地工作，那样我才有心情告诉大家我是多么喜欢他们。”

这件事情之后的不到两个星期是一段少有的温馨而充满爱意的生活，但紧接着更大的问题就来了。这次也许是失望之后的副作用，原来他跟玛莎说过他认为玛莎应该马上离开她母亲并且脱离母亲对自己的影响，他问弗莱舍能不能找到适合她的工作，当然这个工作一定是在维也纳的。当初阻碍这种安排的原因无非是她的饮食习惯问题，还有她坚持要住在犹太式的房子里，等等，但现在这些问题都不存在了。不过玛莎对他这次提议的回答并不让他满意，她说她想在找工作的这段时间和她哥哥住在一起，不过她很快就放弃了这个想法，因为弗洛伊德批评了她，批评中还略带醋意。她以为减轻母亲的负担是弗洛伊德的真实用意，所以她不经意地写了一些话，说他这个建议很好，等等。弗洛伊德对这些话的回复很刻薄，他说："如果事情如你所说的话，那么你到匈牙利去也是一样的。"写完以后他还觉得意犹未尽，又写了两封措辞激烈的信，信中责备她首先考虑的还是她母亲，他说："如果真是这样的话那么你就是我的敌人；假如我们无法跨越这道障碍那么我们就完了。在我和你母亲之间你只能选择其中一人，如果你爱我的程度还没到能使你放弃家人的程度，那么你只能失去我，甚至会毁了我的一生，但即便如此，你也未必会从家人那里得到什么。"这次险情还是靠玛莎的温柔和机智才得以化解。从他们后来的书信中我们能判断出，在汪德斯贝克的 9 月似乎是一段无比幸福的日子。玛莎在清晨 6 点时到达车站，她在那里见到了弗洛伊德，"像在梦中一般"，弗洛伊德迎接玛莎的到来，虽然在这之前的两个月，弗洛伊德刚刚发誓不再和她母亲说话，但这次他却头一回对她和颜悦色，并且从此一直保持下去，这显然是玛莎最后终于说服了他，让他相信自己虽然有时候要为母亲着想，但心里最爱的还是他。大约过了两个月，他发现他们的关系比和好之前还要真切。

这一次让弗洛伊德体会到的幸福和快乐让他更迫切地憧憬长相厮守的日子，但在他们真正结婚之前还有两年孤独寂寞的日子。虽然这时他对玛莎的感情很有信心，手头上那些能够保证他们婚后收入稳定的研究工作也进展顺利，但还是丝毫改变不了这两年他会孤独地度过的事实。

弗洛伊德对于分离和寂寞的态度，在经过了汪德斯贝克的短暂快乐后发生了根本的改变。之前，他对于分离总是非常气愤，这种气愤主要是因为玛莎的母亲，少部分是因为玛莎。在经过这次快乐的相聚并以此作为转折点后，弗洛伊德除了偶尔心情不好以外，他对他们的爱情充满了信心，同时他发现玛莎的母亲并不像自己之前想的，是那种食人怪兽一样的人物，她也不过是一个普通的人。于是刚分开时的那种怨恨立刻就转变为一种无尽的思念，这种思念随着婚期的临近越来越深。

他订婚伊始时的那种爱恨交织的情绪现在都化为深刻的爱情，而且一天比一天纯净、坚固。但这时候的爱情还没有进入到沉静的阶段，那是他们婚后即将体验到的，他自己也完全明白这种爱情的炙热程度和伴随的自私性。当得知他的至交好友桑柏的死讯时，他不得不承认，相比桑柏的噩耗，玛莎眼底的蓝色圈圈才更让他激动。

弗洛伊德一直都很担心他那宝贝未婚妻的健康状况。1885 年夏天，当他得知她的状况不太好的时候，他写信说：“在我为你的情况着急的时候，我简直快疯了，突然间所有的价值观都消失了，满脑子都是怕你生病的可怕的念头，唉，我心里很乱，不多写了。”第二天，他接到了她寄来的卡片，他回信说：“我竟然会想象你已经生了病，我真是错得离谱，我简直是疯了……当一个人爱着另一个人的时候，他注定会疯的。”在三十年之后，弗洛伊德讨论恋爱病理时，这些个人经验对他的帮助极为重要。

有一次玛莎在卢比克度假的时候，曾给弗洛伊德写过这样一封信，信中她开玩笑说幻想自己洗澡时淹死了。弗洛伊德给她的回信是这样的：“肯定有人觉得失去爱人跟人类几千年的历史长河相比简直微乎其微，但是我承认我的态度和看法与他们的截然相反，在我看来，失去爱人就像是世界末日，即使生活仍在继续，但我却仿佛置身于黑暗之中，什么也看不见。”

曾经有一段时间比现在更快乐，那是在1885年，弗洛伊德的事业在这一年里一帆风顺而且爱情也稳定下来。自从他们在汪德斯贝克见面之后，他成功地得到了玛莎的爱情。他认为之前所有的情感纠葛都为今天的爱情奠定了基础。这年的正月，玛莎在信中提起他们过去对彼此的态度是那么愚蠢，而现在他们之间的做法变得非常明智。弗洛伊德在回信中是这样说的：“我也认为我们现在这样对彼此间的爱情毫不怀疑的态度非常明智，但如果没有之前的所有波折就不会达到今天这个程度；如果没有之前你让我痛苦不堪的两年经历，我也没有了解我那坚定的爱情的力量的话，我绝对不会有现在这样坚定的信心，所以我们千万不要认为过去的日子不重要，因为在那些日子里，看到你的信就能让我的生活变得有意义起来，你的每一个决定都好像能够决定我的生死一样让我充满期待。那是一段艰苦卓绝最终到达胜利终点的日子。因为只有经过那样的战斗我才能坚定目标并且拼尽全力去俘获你的芳心，我不知道除了这种方法我还能怎么做。就像我现在必须为了得到你而战斗一样，那时的我必须为了得到你的爱而战斗；就像我现在必须取得胜利一样，那时的我也希望能获得成功。”

不管遇到什么事情，弗洛伊德总会用他自己的这种信仰来对待。他从来不敢期待会有好事无端降临到他头上，在他看来，只有经过一番艰苦的努力才能得到想要的东西。而他的生活经验似乎也对这种想法加以印证，除此之外，他自己不愿意选择最容易的路也是一个原因。

还是在这一年，他告诉过我，他比三年前对玛莎还不太了解的时候更加爱她了，因为三年前爱的是自己头脑中的玛莎，现在爱的才是真正的玛莎,所以似乎整个世界都变得让人着迷了。他对玛莎说过:“一开始我对你的爱还夹杂着许多痛苦的成分，后来我对你忠贞的爱情充满了自信，这也带给了我无尽的快乐，时至今日，我对你的爱演变成了让我充满快乐的激情，这种激情是我现在全部的感受，而且远远超过了我的预计。”

高潮部分我们就讲这么多，下面讲两个比较轻松的故事放松一下神经。第一个故事发生在那年冬天，玛莎想去滑冰，为此她询问了弗洛伊德的意见，没想到被断然拒绝了。我们大都会以为他是怕她摔断腿或是类似的什么原因，实际上他拒绝的原因是因为她去滑冰势必要和别的男人手拉着手。过了三天，他终于答应了，但条件是她得一个人去。

另一个故事发生在六个月后，当时正值盛夏，酷热难耐的气温甚至可以让热恋中的情人出现问题。当时的情况是这样的：玛莎为了远离那扇被晒得发烫的玻璃，坐到了房间的一个角落。可是弗洛伊德的热情却比气温还要高，他突然走向她，给了她一个炽烈的吻。这时她站起来把他推开，生气地说："走开！走开！我都快热死了。"他站在那里，脸上青一阵白一阵，十分狼狈，然后转过身就走了。走时他内心充满了无法言喻的痛苦，感到那么无助和茫然："当时她心里是怎么想的我一点也不知道，不过我相信她肯定生我的气了，而且她还会想'如果他心胸小到会为这点事情感到难过的话，那么他就不可能会爱我'。这纯粹是天热惹的祸。"

弗洛伊德在1885年秋天，也就是他身处汪德斯贝克的六个星期中，

恩斯特·弗洛伊德、马丁·弗洛伊德和西格蒙·弗洛伊德，1916年于奥地利萨尔茨堡。

和玛莎的母亲建立了很好的关系并且这一关系再也没被破坏过。在这之后，弗洛伊德都会把自己对她母亲的诚挚问候附在每一封信上。现在唯一的阻力就是埃利了，他为此花费了更漫长的时间。玛莎家的其他人都认为和异教徒结婚是不对的，“他们宁愿把你嫁给上年纪的犹太教师或者是梭薛特[①]，不管你的亲戚们想怎么样，我们应该庆幸这些事情没有发生。你的家人不喜欢我还有一个好处，那就是我带你出去的时候不会有人来夹萝卜干，这正是我最迫切希望的呢。”能独立处理整个事情是弗洛伊德最骄傲的地方。

最后再提一下那年 6 月，也就是结婚前三个月发生的一件重要的事情，我们就不再谈他们订婚后的情况了。我们已经知道近两年他们是怎么互相适应的，而且这份感情顺顺利利，圆满又完美无缺。曾经一切的怀疑、恐惧、不满和嫉妒等都渐渐地消失得无影无踪。那么 6 月还有什么事情能比他们之间发生最痛苦的争执，甚至差一点让他们结婚无望更出人意料的呢？

讲述这件事之前，我们先来了解一下弗洛伊德当时的心情，那时他正处在研究可卡因中断后的失望中，这种与成名失之交臂的失望感异常强烈，与此同时，他日益受到家人的指责，说他可能会有药物上瘾的危险。光是可卡因的事情就够让他烦心的了，更可怕的是他开始怀疑在维也纳开业行医的可行性。那年 5 月，他依旧觉得这种可能性很小，甚至有病人上门看病都会让他有一种奇怪的错觉，觉得自己没

① Schochet，一位守法的犹太屠夫。

有能力应付这些。其实，产生这种错觉的一个重要原因是情绪上的压力，这种压力是期盼已久的事情终于接近实现后积累起来的一种情绪压力。他始终不能释怀的，是担心在最后关头会冒出一些新的问题，尤其是一直未能解决的经济问题更是让他头痛，因为当时他所有的事情都受到了经济条件的制约。

如果让他用开业赚得的钱筹办婚礼至少得花去好几年的时间，所以结婚所需的费用几乎把玛莎所有的钱都花光了，即便如此，还有买家具的钱没有着落。弗洛伊德为了这事四处借钱，但却远远不够。更要命的是在 6 月，弗洛伊德接到了 8 月去当兵的通知，这不仅意味着要把之前攒的一点点钱全部花光，还要再搭上一大笔路费。总而言之，情况很不乐观，经济压力异常沉重。

与此同时，他一直担心的新问题终于出现了。玛莎把自己一半的存款寄放在她哥哥埃利那里，弗洛伊德认为这种寄放类似于把钱放进保险箱或者顶多存进银行不再动它，可见他完全没有投资的概念，实际上，他一生也没有投资过半毛钱。但对埃利这样的商人来说，把钱留作“呆账”是最蠢的做法，所以他把玛莎的钱拿去做了投资，而且投了很大一笔钱。正赶上他投资的事业不太顺利，手头上没有什么周转资金，这对于商人来说是习以为常的，但在弗洛伊德看来却另有一层说不清道不明的意义。他完全不懂什么叫资本，也不懂得通货，他只管现金在不在手上，所以他一听说这事就直接往最坏的地方想，而且让玛莎把钱要回来。埃利回信总是很慢，过了两个星期他们才收到回复，信中流露出推脱的意思，这让弗洛伊德更加怀疑，之前对他的敌意和不信任又重新燃起。他写了好几封言辞激烈的信给玛莎，不断要她给埃利施压并且把钱要回来。他告诉玛莎，他怀疑埃利已经把那笔钱据为己有，玛莎却认为他在诽谤埃利，她坚信埃利会把钱还给她，因为从小到大埃利从没有亏待过自己。另外，她对哥哥的忠诚也让自己产生了对弗洛伊德言过其实的反感。

这时那个一直潜伏着而且几乎快要消失的问题又再度爆发出来，他的爱人在这个问题上没有和他站在一边，反而与他痛恨的对手站在一起，而这偏偏发生在历经磨难之后的最后阶段。对于他来说，这件事简直难以忍受，他觉得自己好不容易建立起来的对她的爱的信任，却在最后被证明是错误的；而且这件事也完全出乎意料，玛莎居然会

弗洛伊德次女苏菲与母亲玛莎，1912 年

在这种紧要关头背叛自己，他觉得他们的感情已经走到了尽头。

玛莎告诉埃利他们要用那笔钱去装修新房，埃利则提出了一个建议，那就是由埃利做担保人办理分期付款。玛莎拒绝了这个建议，一方面是她因为不喜欢分期付款这种方式，更重要的是这种方法在弗洛伊德看来不仅让他欠下了埃利这个他不信任的人的人情，而且还会让他的家庭和事业冒上随时被毁灭的危险。如果玛莎当时没想到这一点就唐突地接受了这个建议，那么他们的感情或许就真的走到尽头了。弗洛伊德对玛莎下了最后通牒，通牒中共有四点，第一点是要玛莎写一封措辞激烈的信给埃利，要骂埃利是无赖，玛莎照做了。

之后弗洛伊德又威胁埃利，他要让埃利感受到他愤怒的程度，甚至他准备向埃利的领导告发这件事。当然后面那个打算他并没有让玛莎知道。他写了一封态度强硬的信，并且让他未来的小舅子莫里斯亲手送到埃利那里，然后告诉埃利他们的情况非常危急。埃利看到这封信的第二天就把钱筹到并且交到了玛莎手里，他委屈地说他根本不知道他们那么着急用钱，甚至他都不知道他们的婚礼马上就要举行，他还说他对自己未来妹夫的蛮横态度感到痛心。为此，玛莎责怪弗洛伊德不应该那么失礼，还对弗洛伊德仅仅因为“几个臭钱”就这么大费周章表示震惊。弗洛伊德解释说，他不是在乎那些钱，只是因为他企盼已久的婚后幸福生活濒临破灭，他只能这么做，他还要她断绝与埃利的一切关系，否则就别再给他写信。在埃利还钱之前，他们可以说处在分手的边缘。

最后依旧是玛莎的机智圆滑和坚定的意志取得了胜利。这次纷争虽然使他们都身心俱疲，但这个难关总算过去了，玛莎甚至承认这是她第一次，也是仅有的一次，觉得自己失去了爱情的力量，唯一支撑她坚持下去的，是几年前弗洛伊德在愤怒地离开她之后再一次回到她身边时的情景，她确信她的体贴和温柔会冲破一切阻碍，但是这种僵持也让她筋疲力尽。再来看弗洛伊德，他虽然说他几乎被毁掉，但没有玛莎的帮助，他依然能够凭借一己之力打败对手，这让他感到了胜利的喜悦。因为这种种原因，他们之间的狂风暴雨很快就消失得无影无踪。

读过上面这些鲜为人知的逸事之后，你肯定会感受到弗洛伊德充满力量的情感世界，由此而来的活跃和狂热也会让你震惊吧。他实际经历的跌宕起伏的情感历程和人们想象中那个沉着冷静的科学家是多么不相符啊！毫无疑问，他是一个本能冲动远远超过常人的人，而他的压抑也比一般人更强烈，这样的组合使他内心逐步强化直至天才的程度。以前他受到过爱与恨的折磨，后来也不止一次遇到过，但是像火山即将喷发的状况，他只遇到过一次，那就是当他把自己全部的感情都倾注到一个女人身上的时候。

弗洛伊德的爱情与婚姻（二）

弗洛伊德可以说是一个既严谨又不同寻常而且对妻子忠心不二的丈夫，甚至有段时间他变得好像有些“妻管严”似的。在这之后不久，他说他的爱“已经从抒情诗时代进入到叙事诗时代”了，所以他很清楚婚姻生活的幸福快乐远比结婚前的感情生活镇定从容得多。“在我看来，社会和法律对我们的婚姻不会有半点帮助……到你成为我妻子的那一刻并且改姓我的姓时，我们就该开始寻求自己的幸福与宁静了，同时把最热忱的工作奉献给人类，直到我们生命的最后一刻，最重要的是给我们最亲近的人留下幸福的回忆。”这些愿望最终几乎都实现了，但它们却是在订婚后的第一个星期许下的愿望，这很不寻常。

在很早的时候他就告诉过玛莎，在她嫁过来之后要全部属于他，而不再属于她的娘家。从这点看来他一年后引用的名句“婚姻的第一要素就是有权利把岳父岳母或者公公婆婆驱逐出这场婚姻”似乎只是单方面的。

对于未来，他总是描绘出恬淡静谧的生活，他对她说：“我们只需要两三个房间就可以了，它们足够我们生活起居和招待客人，另外还要有一个不停弄着食物的炉灶。房间里的摆设应该有桌子、椅子、床、一面镜子、一个记录着快乐时光的挂钟、一个可以让我在白天香甜地睡上一个小时的安乐椅，地上铺着几块地毯，让主妇能够更轻松地保持地板干净，壁橱里的床单要用特制的带子绑好，另外还要有最新潮的衣服和装饰着假花的帽子，墙上要挂上装饰画，还要有平时喝水用的茶杯和庆祝时用的酒杯、盘子等器皿，另外要有一个储存食物的房间，这样临时有朋友过来或者自己饿了的时候就能够派上用场，当然房间里还少不了一大串叮叮当当的钥匙。在这个房子里要有很多让我们感到惬意的东西，比如书架、针线筐还有温馨的灯光，等等。屋里的每一样东西都要摆放得井然有序，不然可要让女主人忙坏了，因为她的心思被分成了许多份，每一份都照看着一样家具。而家里的每一样东西都要有它特殊的意义，好像这个代表着维持家庭的严肃的工作，那个代表着她或者我对美的追求，其他的东西代表着我们记忆当中的好朋友或者是自己曾经去过的地方又或者代表着自己记忆中某一个美好的片段。总之，每一件东西都应该像一个充满着幸福和快乐的世界，或者可以看做是我们安静的朋友，又或者象征着一个让我们敬重的人性。”

在订婚伊始，孩子并没有被弗洛伊德放进自己未来的规划当中，那个时候他对于孩子的狂热喜爱还没有表现出来。直到两年以后，他有了一个新的想法：“现在是我们的爱情最快乐的时光。我以前总是以为大多数人在结婚以后就不再像以前那样彼此恩爱了。结婚之后，夫妻虽然在一起生活了，但却好像是在为第三者做准备一样，对于丈夫来说，烦琐的家务和对孩子的照看就像危险的第三者一样很快就会出现，到那时，不管感情多么深厚、关系多么亲密的夫妻，他们之间的相互扶持就告一段落了。丈夫们开始出去找朋友、下酒馆、到外面寻求刺激之类的，不过这些也不是绝对的。”

有关婚礼的问题大部分都是很棘手的，弗洛伊德对此非常不耐烦，他从来都不喜欢甚至厌恶各种庆典活动，尤其是宗教性的。他希望自己的婚礼尽可能低调和保密。他的朋友潘尼斯和莎菲的婚礼是他唯一参加过的犹太式婚礼。婚礼上的种种见闻让他惊讶不已，在后来的信中他曾经用十六页的篇幅详细记录了当时所见的种种闻所未闻的事情并且大肆挖苦了一番。

在从订婚到结婚之间的这段时间里，弗洛伊德无时不在盼望着能够早点过上婚姻生活，他的一切努力也都是为了这个目标。他不断尝试一个又一个想法，研究出一个又一个新发现，急切地盼望自己能够成名。成名后门诊的就诊量就有了保证，他便可以过上安定的生活并且顺利地结婚。但事实上，他明白自己只能做一些死板的学术研究工作，所以他把自己全部的精力都投入进去，这种竭尽全力和专心致志不光是为了研究本身。开始时就像他自己说的“前途一片渺茫”，他不仅长期负债，而且债务数额巨大，但即使在这种情况下他也从未放弃过奋斗，并且深信自己终将获得成功。成功之前的日子相当漫长，甚至在结婚之后也没有改善，所以他当时面对的是长达几年的经济上的奋斗。

弗洛伊德计算过很多次，如果要保证婚后第一年的开销就必须要有 2500 基尔德，相当于 1000 美元，否则生活得不到保障。但直到他结婚时也只有 1000 基尔德，这还是潘尼斯在两年前为他申请到的捐款剩下的部分。幸运的是玛莎的一位富裕的姨妈莱亚・劳贝尔（Lea Läwbeer）向他们伸出了援手，这让他们得到了 3000 基尔德的嫁妆。

弗洛伊德想把婚礼定在 1887 年 6 月 17 日，这是他们订婚五周年的纪念日。玛莎知道这个决定的时候也完全赞成，这让弗洛伊德高兴

弗洛伊德在维也纳的诊所

不已，跟几年前玛莎答应自己求婚时的心情完全一样。两个月后，弗洛伊德得到消息，他已经获得资助可以前往巴黎向大师沙尔科学习了，于是他把婚期改在了1886年12月。第二年他从巴黎返回维也纳途经柏林准备向巴金斯基学习小儿科疾病的知识时，他在信中说：他只能确定婚期不会晚于最初定的1887年6月。在他刚刚返回维也纳的1887年4月，他得知自己已经得到了卡索维茨研究院的职位，这个消息给他提前结婚又带来了希望，所以他决定在当年的11月举行婚礼。期盼已久的婚礼马上就要进行的时候，弗洛伊德想先搞清楚自己是不是能够在维也纳安身立命，所以他于4月3日离开柏林，第二天回到维也纳就找到一家旅馆住下了。但马上他就觉得旅馆的房间太小，没有写作的地方，于是他央求母亲在诺瓦拉街（Novaragasse）一个离他家不太远的地方找到一处房子住下了。之后又花了一个星期的时间找到了一处可以开业定居的地方。

离开维也纳已经很久了，他得拜访很多人，顺便还要考察一下在维也纳行医的大致情况。他去拜访布罗伊尔的时候，布罗伊尔以极热烈的拥吻表示欢迎，但在两周后的一次谈话中，布罗伊尔表示出对弗洛伊德开业的悲观态度。布罗伊尔建议弗洛伊德最好把收费降到最低，甚至免费给贫穷的病人治疗，在开始的两年把每天收入的目标定在5基尔德（相当于2美元）。弗洛伊德想到这种不挣钱的日子要持续两年就开始打退堂鼓，觉得六个月之后搬到国外去比较好，但他转念一想，除非是去打工，否则在哪里都是一样。幸好在一两天之后，弗洛伊德克服了自己的气馁，决定还是按照自己预想的那样进行，虽然他也认为布罗伊尔的建议是对的。他的另一位朋友海特勒在第一时间过来邀请弗洛伊德参与自己出版的《医疗中央公报》（*Centralbarr für Therapie*）的工作，再加上卡索维茨的工作早已经定下，所以弗洛伊德立刻开业行医，他在每周二、四、六的下午 3 点到 4 点之间在诊所接诊。除此之外，迈纳特也很友善地邀请他去自己的研究室工作，而诺斯虽然在表面上没有那么热情也没有答应给予任何帮助，但是他为弗洛伊德做的远比他说的要好得多，可见他是一个不善言辞的人。

弗洛伊德发现这些人都有自己独特的行事风格，他觉得自己也应

弗洛伊德与孙子们，1922 年于汉堡

该如此，于是他决定选一个能够表现出自己正直和诚实天性的行事作风以树立自己的形象，希望大家都能够接受并且习惯他的作风。即使这样做没有益处，但也绝对不会有任何坏处。

4 月 15 日，他搬到了市政厅后面的市政厅街 7 号（7 Rathaus-strasse），这里是全维也纳最繁华的商业街。每个月的住宿和其他一切服务费用需要缴纳 80 基尔德（相当于 32 美元）。房子是两室一厅的结构，面积很大，其中一个房间用布帘隔开，里面作为他的卧室，另外还为眼底检查准备了一个小房间。整个诊所都布置一新，他早就有的书和书架也摆放妥当，现在唯一缺少和必须添置的就是候诊室的长椅子了。房子的门前为了吸引人注意，挂上了一幅黑底金字的招牌，另外还挂了一个瓷制的标牌，这两块牌子都是在布罗伊尔太太的强烈要求下由她亲自挂上的。

正式开张前，他在波利茨（Pollitzer）的家中治疗过一个病人，他高兴地用那次收到的诊疗费在汪德斯贝克给玛莎买了一件衣服，另外自己也开心地买了点酒喝。一周之后，又有一个人找他看病，这次赚到了 15 基尔德。这时波利茨听弗莱舍说，弗洛伊德准备在毫无积蓄的情况下结婚，他表现出了和弗莱舍同样的震惊。

为了把自己行医的消息公之于众，弗洛伊德在日报和医学期刊上刊登了广告："弗洛伊德博士，维也纳大学神经病理学讲师。曾游学巴黎半年，现定居市政厅街 7 号。"仅刊登在《新自由报》上的广告就花费了 20 基尔德（约合 8 美元）。除了刊登广告，他还发了两百张请柬给整个维也纳的每一位医生。他把开业的日期定在 1886 年 4 月

26日，这天是周日也是复活节，更是关系他一生成败的日子。定在这一天有特别的用意，因为整个维也纳都会在这天陷入一种停顿的状态。

开业几个月后，他重新计算了一下自己的每日收入，并且分析了就诊病人的来源，发现大部分付款的病人都是从布罗伊尔那里转过来的，直接找他治疗的几乎全是免费的病人。那年7月，诺特纳格尔也介绍一位葡萄牙大使找他看病。通常情况下，门诊的就诊量不会每天都一样，有时会接连好几天没有任何收入，但总体看来，这几个月的状况比预期的要好一些，曾经有一天，候诊室里挤满了十二三个病人呢！仅6月份，他就赚了387基尔德（相当于155美元），这个数字对于一个刚开业的医生而言已经相当可观了，而且也满足了他每天10基尔德的基本生活费用。

虽然情形不错，但弗洛伊德对自己的医术还是没有太大的信心。他曾经几次抱怨自己在给病人看病时总感觉有什么地方不对劲。主要原因可能是私人开业要肩负的责任和在大医院时截然不同，所以治疗一旦出现问题就更容易打击医生的自信心。比如他曾经为一位知名演员胡戈动过一次没有成功的小手术，后来病人来信很礼貌地感谢他，但再也没有前来就诊过，弗洛伊德就把医药费全数奉还。这件事之后他写了一封信给即将与他完婚的玛莎，信中说他需要一种幽默感，以免让自己陷入一种不好的情绪，这种情绪会让他为自己的无知、尴尬和无助处境感到羞耻。

那年夏天，弗洛伊德忙得不可开交。每天早上，他都会在迈纳特的研究室里继续他在解剖学上的研究，为此他还要写一篇论文发表在

8 月的期刊上，另外他还要翻译沙尔科的讲义，这是他留学报告中的一部分，医学会上发表的演讲和有关催眠术的两项讲义也都在那年夏天完成，除此之外还有卡索维茨研究所和自己诊所的工作要做。

但不久之后，婚姻大事带来的困扰完全超越了繁忙的工作。这时的弗洛伊德还不能确定自己是否能在维也纳站稳脚跟，那年 5 月的信上他曾经说希望渺茫，因为截止到 4 月底他的现金只有 400 基尔德，这仅够他一个人生活六周，直到 7 月，他才确信自己能够在维也纳立足。

在弗洛伊德订婚后的漫长日子里，经济问题一直是他不能结婚的最大障碍。这个问题随着婚礼日期的临近而越发严重，所以在婚礼前那两个月的信中出现了大量而且烦琐的算式。我们可以从下面的叙述中了解到他当时的困窘：除了潘尼斯捐款剩下的部分，现金中就只有玛莎从娘家和姨妈给的礼物中节约出的 1800 基尔德（相当于 720 美元）了，而这其中的 1200 基尔德玛莎还得用来给自己买必需的嫁妆和一些布料等等。另外在玛莎哥哥那里还有她的 800 基尔德寄存着，为了把这笔钱拿回来，玛莎和哥哥大吵了一架，最后还是弗洛伊德出面讨要才在 6 月底收到这笔钱。

弗洛伊德为应对家庭中的突发情况计划每年准备 500 基尔德，另外他预计婚礼和蜜月旅行所需的费用也差不多是这个数额，所以说他认为一年要有 1000 基尔德才能让生活有所保障。这 1000 基尔德的 1/4 必须是现金，其他的则需要购买家具、缴纳租金和购买生活必需品等，可见他的经济问题相当严重。另外他还要先办好一件事，那就是保险，因为弗洛伊德答应过玛莎近一年内不让她当寡妇。如果新房的租金不贵的话，那么除了家具没法添置，别的事情都好说，所以弗洛伊德想用分期付款的方式买家具。但是玛莎不同意，一方面玛莎节俭惯了，她不希望长时间负担那些额外的费用，另外她也不希望她的新婚生活负债累累。在家具的问题上，他俩讨论过无数次，后来弗洛伊德说："我认为世界上最可爱的女人在这一点上也不会妥协，她们觉得丈夫的职责之一就是建立好的家庭环境。"

弗洛伊德最初想向朋友借钱，但是一无所获。他只好给未来的岳母写信，希望岳母能向她那个富裕的姐姐借点钱。起先他认为 1000 基尔德就足够了，可是后来发现 3000 基尔德才够应付开销，这个要求对岳母的姐姐确实有点过分，他这么做除了给玛莎唯一可以依靠的亲人留下不好的印象之外没有得到任何好处。

弗洛伊德的小姨子明娜・贝尔奈斯，1912 年

6 月中旬，弗洛伊德无端地开始担忧起玛莎的健康状况来，他希望在结婚的时候她能够非常健康，为此他给了玛莎一笔钱，要她只能花在休息上。他说："如果我发现你用这笔钱去买大衣，我就会把那件大衣撕得粉碎，

如果你不告诉我买的是哪件大衣，我就把你所有的衣服都撕碎。”这只是个玩笑，但也是当时向埃利讨要钱款所引发的怒气的第一次表现。

在第二天他写的信中又暴露出他长期单身生活导致的不耐烦。信中谈到结婚仪式，他说：“亲爱的，那时我会深呼吸，然后心甘情愿地再度去过穷困潦倒的生活，但如果我们总是对贫穷的生活表示不满，那我们还怎么生活下去呢？我们要向前看，要同心协力生活在一起，远离贫穷。虽然贫穷不能阻止人们相爱，但我们不要再用未来美丽的前景来自我安慰了，我们已经浪费了太多时间，牺牲了太多美好的未来，试问我们的青春还有几年？我们的健康还能维系多久？我们去迎合别人朝令夕改的心情还要到什么时候？假如让你等到我能够买得起所有东西时再娶你，那你肯定会变成一个老处女，一个连怎么笑都已忘记的老处女。这次回来以后我对你的思念让我不堪忍受，不论何时何地我都在想念你，我觉得这种日子简直不像是人的生活，因为我早就把你当做我身体的一部分，把你看成我的小心肝、我的妻子、我道路上的同志和好伙伴，所以我一个人生活得多么孤独痛苦啊，我根本没法充分利用我的时间，我也不会去享受任何事物，甚至有几个星期我都难得有一个笑容，我是多么苦闷啊！”

在这时，另外一个打击又降临了，弗洛伊德被征兵做一个月的军医。这对经历过无数磨难的未婚夫妻不仅要为此支付一笔费用，还要失去整整一个月的收入。弗洛伊德对此表现出毅然决然的态度，他下定决心不让这次行程打乱自己的计划。但他未来的岳母知道后非常震惊，给他写了一封信：

别以为我不知道你们现在的生活有多么艰难，成家却没有周全的准备绝对会留下隐患，我自己也饱尝过这种痛苦才会这么说。我请求你不要这么做，请你一定认真考虑我的建议，安心地等到你可以在维也纳立足的时候再结婚吧。

你一定要让自己的心先安定下来，因为你没有理由沮丧和彷徨。忘掉那些算式，重新成为一个明智的男人吧。你现在这样子就像是个不懂事的孩子，以为哭闹就可以得到自己想要的东西。

请别介意我上面的比喻，但这比喻的确很恰当，认真想一想我这些善意的话吧，别误会我的意思。

你的岳母

对于弗洛伊德有没有回复这封信我们不得而知，但显然这封信完全没有动摇他的决定。

现在唯一的问题就是找到合适的新房，然后布置妥当。这两个问题很难解决，因为没有开业的地方就没有经济来源，但也不能长期在一个没有装修过也没有任何家具的地方住。7 月初玛莎发来的一封电报带来了令人振奋的好消息："太棒了，1250 基尔德，莱亚·劳贝尔！"这是玛莎的姨妈从布伦送给他们的结婚礼物。另外玛莎的叔父路易斯也从伦敦送来了 800 马克（相当于 190 美元）作为他们的新婚贺礼，玛莎对此尤为感激，因为这对于路易斯叔父来说是一笔不小的数目。现在他们不仅有了买家具的钱，而且可以毫无顾虑地准备婚礼了。

弗洛伊德把婚期从 11 月提前到 9 月出于两个考虑，一方面他自己已经等得不耐烦了，另一方面是出于现实的需要。因为在维也纳房租是按季度结算的，当时临近的只有 8 月 1 日和 11 月 1 日。尽管他已经尽了最大的努力，也到处刊登广告，但是合适的房子还是非常少，鉴于他只能在晚上找房子，而且距离服兵役的时间也越发紧迫，房子又要是娶妻用的新房，所以找到合适的房子显得异常艰巨。在已经看过的房子中，他认为最合适的是位于福斯特街的那间，但问题是那房子要到 11 月才能租给他们，也就是说弗洛伊德会错过 10 月这个一年中的就诊高峰期，这个损失是他承担不起的。还有一个方案是保留现在的诊所，再另外租两个房间，不过这样他们就要再花 1400 基尔德（相当于 560 美元），这更超出了他们的经济能力。最后他们在玛利亚·特蕾茜街 5 号（5 Maria Theresienstrasse）租下了一幢拥有四个大房间的房子。

在结婚这个心愿完成之前，弗洛伊德还受到了一个打击，他一直都安慰自己在德国举行婚礼只需要简单的程序就可以了，不会有他不喜欢的“忏悔”仪式和让他极为挠头的犹太式的庞杂的婚礼程序，可谁知 7 月初，玛莎告诉他德国那种简单的婚礼仪式在奥地利是不被承认的，所以他们回到奥地利以后并不是合法夫妻，唯一的办法就是举行犹太式的婚礼。幸好玛莎很体谅弗洛伊德，她想尽一切办法让弗洛伊德感觉自在一点。首先她把时间定在星期日，这样就只有极少数的朋友能够参加；其次她把婚礼地点定在她母亲家里，这样只需要一顶丝帽和一身普通的礼服就可以代替正式场合必须穿的晚礼服，所有事情就这样安排妥当。

弗洛伊德服兵役的时间是 8 月 9 日到 9 月 10 日。退役之后他赶回维也纳，在换下制服的第二天他就打算到汪德斯贝克去。可这时他发现领到的军饷只有预计的一半，所以他只好偷偷写信给未来的小姨子明娜·贝尔奈斯，向她借了些路费。即使这样，他也已经把送给新娘子的新婚礼物准备好了，那是一块漂亮的金表。本来他也想给明娜买一条珊瑚项链作为礼物的，但是葡萄牙大使的诊疗费还没有付，所以只好打消了这个念头。

期盼已久的婚礼终于于 9 月 13 日在汪德斯贝克的市政厅举行。六十五年之后玛莎依旧能够生动地回忆起当天婚礼时她在结婚登记中毫不迟疑地签下自己的新姓名时的情景，就连当时一位官员就此批评她的话语她仍记忆犹新。婚礼前的两个夜晚，弗洛伊德都耗在叔叔埃利亚斯·菲力普的家里，因为叔叔要教他默念婚礼中的祷告文。婚礼上除了弗洛伊德走下礼坛[①]时差点咬到自己的嘴以外，一切都非常顺利。到场的宾客除了新郎新娘的直系亲属以外只来了八位亲戚，婚礼后这对小夫妻就直接前往卢比克开始蜜月旅行了。

在卢比克时，他们一人一句地写了一封信给住在汪德斯贝克的母亲，弗洛伊德给出的结论是："我们在卢比克享受着期盼已久的新婚第一天，这一天也将成为弗洛伊德和玛莎之间三十年战争的开始。"在之后的岁月中，战争的唯一迹象不过是一些日常琐事上的意见不统一，

① 举行犹太式婚礼的神圣场所，新郎新娘要站在礼坛下面。

比如蘑菇是不是应该连柄一起烹调之类，只不过时间由三十年变成了五十三年。至于他两年前开玩笑时说的要每周吵一次架的计划早就被忘得干干净净。

两天后他们到达了德国最北部紧邻波罗的海的霍尔斯坦州的特拉沃明德市（Travemünde in Holstein），他们蜜月旅行的主要行程就是在这里度过的。在蜜月结束后回家的途中，他们分别在柏林、德累斯顿（Dresden）和布尔诺（Brünn）有过短暂的停留，之后他们还到布伦去向玛莎的姨妈道谢，感谢她的慷慨促成了他们的婚礼，返回维也纳时已经是 10 月 1 日了。在维也纳，玛莎受到了弗洛伊德朋友们的热烈欢迎，而她也很快就融入了这个集体中，相亲相爱地如同一家人一样。

那一年，新娘二十五岁，新郎三十岁。他们就像是天造地设的一对，因为弗洛伊德英俊、身材颀长、健壮有力（他身高 5 尺 7 寸，体重 126 磅），此外他还长着一张很好看的脸，不仅五官端正而且眼睛乌黑有神。除此之外，他那身从部队带回的漂亮肤色也是玛莎后来很喜欢炫耀的地方。

他虽然预计好运会降临在他身上，但在好运来临之前他也只能让他的太太过一段艰苦的日子。开始时他的希望几乎完全破灭了，因为他本来认为会是旺季的 10 月，生意却惨不忍睹。这个月的天气很好，所有的医生都在抱怨人们为了享受温暖的天气而放弃治疗。弗洛伊德给明娜的信中说自己不知道夏天的成功是一个意外还是 10 月的失败是一个意外，当然他宁可相信后者。他每个月需要 300 基尔德（相当于 120 美元）才能维持生活，而那个月他只赚了 112 基尔德（相当于 45 美元），面对这个现实大家都很难过，但还是镇定地坚持着。伊曼纽尔（Emmenuel）送给他的金表已经被他当掉了，现在可以依靠的只有明娜，否则连玛莎的结婚礼物也难逃被当掉的厄运了。当然明娜一定会帮助他们的，而且第二个月情况就开始好转了，毕竟靠诊疗费维持生活对于弗洛伊德来说并不是难以企及的事情。

最终，弗洛伊德得到了他企盼已久的幸福结局，而这世上恐怕再难找到超越他们的婚姻了。至于玛莎，她不仅成为了一个贤妻良母，

弗洛伊德与研究组成员们合影，1922 年

还是一个令人钦佩的管家，甚至是一个可以无限期做着佣人工作的女主人。但玛莎绝对不是一个口无遮拦的家庭主妇，她永远把丈夫放在第一位，给丈夫提供舒适和方便的环境永远是她最重要的事情。新婚伊始的每个晚上，他都会把病例拿出来和她讨论，但是后来，她就和其他所有人一样，再也赶不上弗洛伊德那种超快速的想象力了。

没过多久，他们的孩子诞生了，这个小家伙的到来让他们的幸福生活日臻完美。弗洛伊德在两年后的一封信中曾写道："我们快乐地生活着，日子一天比一天从容和自在，孩子的笑声就像是我们得到的最可爱的礼物，所以我再无奢求，也不如以前那样用功了。"在他们的第一个家一共诞生了三个孩子，他们是一个女儿和两个儿子，分别出生于 1887 年 10 月 16 日、1889 年 12 月 6 日和 1891 年 2 月 19 日。他的儿子马丁是以沙尔科的名字命名的，并非外界盛传的马丁·路德，而奥利弗则是以弗洛伊德早年崇拜的英雄克伦威尔的名字来命名的。由于家里人口日益增加，房间渐渐显得狭小起来，所以在 1891 年 8 月，他们搬家到了著名的柏格街 19 号（19 Berggasse），搬到这里来的原因不仅是因为房间多，还因为这里的租金相对便宜一些。一年以后，他们又把楼下的几个房间租了下来，用做弗洛伊德的书房、候诊室和诊疗室。在这里，弗洛伊德一共生活了四十七年，共有三个孩子在这里诞生，他们是一个儿子和两个女儿，分别出生于 1892 年 4 月 6 日、1893 年 4 月 12 日和 1895 年 12 月 3 日。这个儿子恩斯特是以布吕克的名字命名的。

弗洛伊德不仅是一位和蔼的父亲，更是一位溺爱孩子的父亲，这一点从他的一般原则中就可以推测出来。孩子们经历的无数病痛都让他忧心不已。大女儿在五六岁时险些死于白喉症，在病情最严重的时候，弗洛伊德烦躁到了极点，他问女儿世界上最喜欢的是什么，女儿回答说“草莓”，虽然那时草莓已经过季了，只在一家知名的大商店里还有一些，他便买回来给女儿吃。女儿吃的第一颗草莓引起了一阵剧烈的咳嗽，把一直梗在喉咙里因为白喉病形成的荚膜给咳了出来。没想到第二天她的病情就开始好转了，一颗草莓，还有父亲的爱女之心挽救了这个小生命。

在他们有了六个孩子之后，他的小姨子明娜也搬过来和他们一起住，时间是从 1896 年年底到 1941 年 2 月 13 日明娜去世为止。在她的未婚夫去世之后到搬过来合住之前，她曾试着给一位小姐做随从，但这个工作非常不适合她。在她还是小女孩的时候就喜欢一边看书一边打扫房间，所以说学术对她有着强烈的吸引力，说文学深深地吸引了她的一生并不为过。明娜机灵、开朗而且风趣幽默，她那张利嘴常常惹得全家大笑。弗洛伊德和她相处得非常融洽，他觉得她是一个有趣而且会带来精神助益的伙伴，但他们之间并没有性的吸引。在有些太太无法分身的假日里，他偶尔会和她一道去旅行度假，这就引起了有些人的恶意谣传，说她在感情上取代了玛莎的位置。

弗洛伊德自传

我和精神分析学是一对从一出生就争着引起父亲注意的双胞胎。

——安娜·弗洛伊德

摸索、研究与催眠术

我第一次谈到心理分析的主题和它的发展是在 1909 年的麻省沃斯特的克拉克大学（Clark University in Worcester，Mass.），在当年举办的该校成立二十周年纪念会上，我应邀发表我的第五次演说。使我感到欣慰的是《美国 20 世纪初叶全集》的出版家终于认清了心理分析的重要性，并在全集中为它留了一席之地，使我得以又作了一次类似的演说。在这两次演说之间，我发表了一篇论文《论精神分析运动的历史演进》（*On the History of the Psychoanalytic Movement*），这篇论文其实已经包含了我借本书要谈的全部基本问题。因为我不能自相矛盾也不愿意一成不变地再重复一次，所以我必须很努力地去构建一本涵盖主客观态度并且传记性和历史趣味性并重的书，把我的学术观点重新组合并论述出来。

1856年5月6日我出生在摩拉维亚的弗莱堡（Freiberg in Moravia），那是一个现在属于捷克的小镇。我的父母都是犹太人，这一血统伴随我至今。我父亲的家族在莱茵河畔的科隆一带定居了相当长时间，由于14、15世纪中叶犹太人受到迫害，他们逃往东方。在19世纪中期，他们又从立陶宛途经加利西亚（Galicia）迁回到德属奥地利。在我三岁那年，我来到了维也纳——奥地利的首都，在这里我完成了我一生的教育。在高等学校（相当于现在的大学预科）里，我的成绩连续七年名列前茅，因此享受了很多特权，以至后来被保送到大学。我家的生活环境极为困难，但父亲并没有因此左右我的职业方向，而是一定要我依据个人志向来选择。那时候的我对于医生这一行并没有特别的兴趣——与其说是兴趣，还不如说是被关于人类的好奇心所驱使，那好奇心只限于人类，而不是对一切的自然物体。说实话，那时候我还没有体会到观察的重要性，也还不知道观察是满足好奇心最好的方法之一。后来我才知道，在我真正懂得如何念书以前，对《圣经》故事的熟悉对我的兴趣方向有着极其深远的影响。由于在学校里，我和一个有志成为大政治家的高年级同学成为了知心好友，受他的影响，我萌生了像他那样学习法律并且参加社交活动的愿望。但就在同时，当时最热门的达尔文进化论也深深地吸引着我，因为那些理论激起了我对世界更进一步了解的愿望，再加上毕业之前，在卡尔·布吕尔教授（Carl Bruhl）的课上，听到他朗诵歌德那美妙的描写大自然的散文，于是我下定决心成为一名医学院的学生。

1873 年我刚进入大学时感到无比失望，尤其失望的是大家发现我是一名犹太人后，都开始排挤我，期望我感到自卑或让我觉得自己是一个不属于他们那个世界的人。我当然不能让他们得逞，而且我永远不明白为什么我得为我的祖先感到羞耻，或者说，为我的民族感到羞耻？！于是我毅然决然地表现出不接受的态度。我从没有为当时的这个决定后悔过，因为我觉得虽然我受到了这样的排斥，但我还是一个积极努力的工作者，在人性的伦理范围之内，我总不至于找不到一个立足之地。最初进入大学的这些先入为主的印象对我产生的影响，有些在后来才知道是非常重要的，因为我很早就习惯了站在对立面，或

弗洛伊德与女儿安娜在柏林泰戈尔湖畔，1929 年

者说是习惯于被大多数的权威禁令压制着，因此我养成了某种程度的独立判断力。

此外，在大学的第一年里，我就已经发现由于天赋的特质和限制，我注定要在原先热衷的那些科学领域里无所建树。那时我才了解了歌德的诗剧《浮士德》中魔鬼梅菲斯特所警告的："对科学的广泛涉猎是枉然的，每个人都只能学到他所能学的东西。"（《浮士德》，第一部）

最后，我终于在恩斯特·布吕克（Ernst Brucke）的生理学实验室找到了归宿，获得了满足感，同时也在那里找到了我所尊敬并且视为榜样的人物们——伟大的布吕克本人和他的助手西格蒙·埃克斯纳（Sigmund Exner）、恩斯特·冯·弗莱舍－马克苏（Ernst von Fleishl-Marxow）等人，尤其是布吕克了不起的助手们与我成为朋友让我觉得三生有幸。布吕克把一个神经系统的组织学问题交给我研究，我很圆满地解决了它，这让布吕克很满意。为了我自己的志向，我决定把这个问题更进一步地探索下去。从 1876 年到 1882 年，我几乎一直都在研究所里埋头工作，借此让大家相信我很希望成为布吕克的助手。在医学的分支中，除了精神病学（psychiatry），其他的分支都不能引起我的兴趣，所以对于医学课程我都不太用心，也因此到了 1881 年我才获得那迟来的医学博士学位。

1882 年是我生命的转折点。那时候我最崇拜的老师纠正了我的观念，而我的观念来自父亲，高尚但是缺乏远见。更重要的是鉴于我困窘不堪的经济状况，老师诚恳地劝说我放弃对理论的追求。于是我接受了他的劝告，离开了生理学实验室，满怀着热情与期望进入了总医院[1]。不久，我就升任为初级住院医师，轮流在医院的各个部门工作，其中有半年以上是跟着迈纳特（Meynert）——早在学生时代我就对迈纳特的道德文章极为推崇。

从某种意义上说，我在工作生涯刚开始的第一年就对一线工作失去了兴趣，布吕克为我指定的题目是最低等的鱼类的脊椎研究，而今我已经转而去研究人类的中枢神经系统。就在那个时候，弗莱舍发现了髓鞘形成的非同时性，给髓质束的复杂纹理照亮了未来研究的方向，而我之所以选择延脑作为我的唯一研究对象，其实也表明了我在学术发展上的连贯性。和我初入大学时无所不学的情形相比，如今我有了专注于一项工作、一个问题的倾向，而且这一倾向一直发展下去，使我一直被人指责为一面倒或者有偏见的人。

这个时期，我又恢复到以前在生理学实验室时的状态，全身心地在脑解剖研究所里工作。在那些年里，我发表了很多有关延脑内神经核及神经通络的研究论文，爱丁格（Edinger）很有条理地把我的结果记录了下来。我从没有为迈纳特工作过，但他却肯借给我实验室。有一天，迈纳特还建议我应该下定决心献身脑解剖的工作，而且答应我把他的主要研究工作交给我去做，因为他觉得他已经老到没法把新的研究方法运用于研究了。我婉言谢绝了他的建议，一方面当然是工作过于艰巨，另一方面可能是那时候我就已经猜到，这样了不起的人物绝对不会无端地给予我提携。

---

① General Hospital：维也纳当时最主要的医院之一。

从实用的观点来看，脑解剖的研究绝对比不上生理学，再加上材料来源的问题，所以我转而开始研究神经系统的疾病。在那个时期的维也纳，还很少有这个医学分支的专家。不久前专门研究这方面的诺特纳格尔（Nothnagel）在脑部位这方面的著作中，也还不能把脑神经病与别的医学分支区分开来。加上可供研究的材料都分散于医院的各个科室，而且也没有研究神经系统疾病的适当机会，我只好靠无师自通的方法去学习。之后，在法国神经病理学教授沙尔科（Charcot）的光芒的吸引下，我拟定了一套计划，打算先获得维也纳脑神经病学讲师的位置，然后再去巴黎继续深造。

在总医院的第二年，我继续担任住院医师的职务，并且发表了不少有关于脑神经机体性疾病的临床观察报告，逐渐对这方面的疾病驾轻就熟，甚至已经能很准确地指出延脑中的病灶位置。这让病理解剖医师们对我的临床分析毫无补充的余地；同时我也是维也纳第一个把被诊断为急性多发性神经炎的病人送去病理解剖的人。

不久，我就以正确诊断和死后解剖证实率高而闻名。许多美国医师也纷纷向我求教，我便用拗口的英语为他们讲解。那时我对精神病还一无所知。有一次我把一个神经质的患长期头痛病的病人诊断为慢性局部脑膜炎并介绍给我的听众们，他们立刻起来反驳我，于是我这段不成熟的教学生涯至此寿终正寝。不过我得顺便指出，当时的年代正是所有维也纳的权威都会把神经衰弱诊断为脑肿瘤的时代，所以我的错误也算是情有可原吧！

1885 年春天，由于在组织学和临床方面的诸多著作，我被提升为脑神经病理学讲师，不久又得到布吕克的亲切帮助，获得了一笔为数可观的留学奖学金，就在那年秋天，我远赴巴黎，开始首次旅行。

留学伊始，我成为萨尔佩特里耶（Salpétrière）医院的学生之一，但是身为众多外国留学生中的一员，开始时别人并没有太注意我。有一天我听到沙尔科感叹战后还没有人把他的讲义翻译成德文，还说假如有人愿意把他的新讲义翻译成德文，他一定会很高兴。我便给他写了一封信表示愿意承担这项工作。这件事我记忆深刻，至今还记得那封信里的句子。沙尔科接受了我的毛遂自荐，我从此进入沙尔科的生活圈子，而且从那时候开始，我参加医院里的一切活动。

当我写这些东西的时候，我收到了许多出自法国的论文，表现出对精神分析的强烈反对，并且武断地判定与法国精神分析学派之间的关系。比如他们指责我利用巴黎之行去熟识皮埃尔·雅内（Pierre Janet）的专业理论，然后据为己有。在此我得明确指出，在我整个留法期间，皮埃尔·雅内还没有他们说的那样有名。

进入沙尔科的生活圈子后我印象最深刻的是他对歇斯底里症（hysteria）的最新研究，特别是有一部分被我亲眼所见。比如说他证明了歇斯底里症的现象的真实性及合理性，提出了歇斯底里症也常发生在男性身上的观点。为了证明人为的歇斯底里症和自发性的症状发作在细节上没有任何差异，沙尔科以催眠暗示等方法引发歇斯底里症的麻痹和强制收缩，这个方法为证明提供了充分证据。沙尔科的许多教学先是引起了我和其他有教师背景的学生的惊奇，继而引发质疑，为了求证他的学说，我们想办法应用当时的学术理论进行探究。而他在处理这类质疑上永远是那么友善和富有耐心，虽然如此，他也是一个武断的人。

那个时期沙尔科教授给我们的东西在今天看来已经不再是金科玉律了，甚至其中有的部分非常值得怀疑，有的部分则完全经不起时间的考验。不过他传授给我们的知识已经够多了，并且在科学领域里他将永远占有一席之地。在我离开巴黎之前曾经和沙尔科讨论过做一项研究，内容是把歇斯底里性麻痹和集体性麻痹症进行比较研究。我希望能就此建立一种学说，主要内容是歇斯底里麻痹和身体各部分的感觉缺失症不是以解剖学上的事实作为区分根据，而是以一般界限概念作为区分。他虽然赞成我的观点，但很明显他对进一步探索精神疾病并没有多大兴趣，因为沙尔科一切工作的出发点依旧还是病理解剖学。

卡索维茨（Kassowitz）是维也纳一家公立儿童医院的院长，他曾经答应让我主持小儿神经系统疾病的科室。为此，在回到维也纳之前，我在柏林逗留了几个星期，以便学习一些常见儿童疾病的知识。在柏林期间，我受到了巴金斯基（Baginsky）的友好接待和热情帮助。第二年我如约到卡索维茨的医院就职，并在此期间就儿童的单侧和双侧性大脑麻痹发表了多篇有价值的论文。因为这个原因，1897年诺特纳格尔在编纂重要的《一般与特殊治疗手册》（*Handbuch der Allgemeine und Spezielle Therapie*）一书时坚持要我负责这方面材料的编写。

1886年秋天，我在维也纳开始了行医生涯并且在此定居下来，同时与远在另一城市等我四年之久的未婚妻结了婚。写到这里我禁不住提起一段往事，那段因为未婚妻的缘故使我错过年少成名的往事。那是1884年，由于一种狂热的业余爱好使我从默克（Merck）那里找到了一些当时还不太了解的可卡因（cocaine），并且开始研究它的生理作用。就在这项工作进行到一半的时候，一个偶然的机会可以让我去探访我那阔别两年的未婚妻，于是我匆匆收拾行囊，结束了我对可卡因的研究。当时我曾经提示我的朋友眼科专家柯尼斯坦（Königstein）对可卡因的麻醉性于眼科疾病患者的应用程度做一下研究。当我度假回来时才发现我的另一位朋友卡尔·科勒（Carl Koller）在我当初向他提过可卡因后对动物眼睛做了决定性实验，并且已经在海德堡眼科学会上做过示范。于是科勒声名鹊起，顺理成章地被认为是可卡因可用于局部麻醉的发现者（尤其值得注意的是，这项发现在未来的小手术中极为重要）。话虽如此，但我对未婚妻中断我的工作还是毫无怨言的。

现在我们再回到我在维也纳定居下来并且成为神经系统疾病专家的那一年，即1886年。我被指定在医学会上作报告，内容是我在恩师沙尔科那里的所见所闻和学到的东西。我的报告得到的反响很不好，如医学会主席班贝格尔（Bamberger）医生等权威人士宣称我所报告的东西让人难以置信。因此，迈纳特鼓励我在维也纳找几个我所描述的那一类型的病人并且带到医学会上给大家演示。我听从了他的意见，可是无论我在哪里找到这样的病例，该科室的上级领导都拒绝让我观察那些病人来做研究。这其中有一位资深的外科医生甚至按捺不住地冲我叫嚷：“我的天哪！亲爱的弗洛伊德先生，你怎么能胡说八道?

弗洛伊德在德国贝希特斯加登，1929 年

hysteron 的意思是子宫，男人怎么会有子宫呢？”虽然我已经告诉他们我的目的不是要证明我的诊断而只是希望他们把病人交给我处理，但结果还是一样。事情的最后是我在医院外面碰到了一个典型的“癔病性偏侧感觉缺失”（hysterical hemi-anesthesia）的男性病人，我把他作为病例带到医学会上让大家看，终于这一次我获得了大家的喝彩，但别人并没有对我表现出更进一步的兴趣。最让我难忘的是那些权威们根本就不肯接受我的这种革命性学说，我和我的《关于男性的歇斯底里》、《暗示引起的歇斯底里麻痹》已经被一起放到一个与他们完全对立的位置上。没过多久，我就被逐出脑解剖实验室的大门，并且再也找不到可以发表我的演说和讲义的地方。我被迫结束了学术生涯，不再加入任何学术团体。从那时起直至今日已经有一代人的时间了。

任何想要靠治疗精神疾病患者来生活的人，必须确实能为病人做点事情或者对他们有所帮助才行。我个人在治疗中使用的“武器”只有两件，一个是电疗，另一个是催眠术（hypnotism）。我不会要求病人在仅仅找我看过一次病以后就让他们到旅行社去做水疗法的治疗，因为这样做没法给我提供生活来源。关于电疗法的知识是我从埃尔布（W. Erb）的教科书上学来的，这本书对各种神经精神系统疾病的各种症状的治疗方法都有极其详尽的指导。不过后来我发现，如果按照埃尔布的方法去做，对病人一点好处也没有，而且我用来对病人作正确观察使用的概要方法也只不过是一种妄想。觉悟到德国最伟大的神经病理学家的著作竟然像廉价书店到处都有销售的《埃及说梦全书》一样跟实际完全不符，对于我来说真是一种惨痛的经历。不过话又说回来，因为我的这一觉悟，使我卸下了一直坚持的对权威的虔诚信仰。默比乌斯（Möbius）主张神经疾病电疗的成功（假如可以成功的话）应归功于医生对病人的暗示作用，而我由于有了上面的觉悟，早在他提出这个主张之前就把我那套电疗器具束之高阁了。

催眠术的情形就好多了。我在学生时期就观看过魔术师汉森（Hansen）的现场表演，亲眼目睹了一个被催眠的人全身僵硬、脸色煞白，直到催眠术表演完毕才恢复过来的过程。由于这一经历，再加上不久后海登海因（Heidenhain）给催眠术提供了科学依据，我坚信催眠现象的真实存在。尽管如此，在相当长一段时期内，那些心理精神病方面的专家和教授们还是歧视催眠术专家，并且不断指责催眠术是欺诈行为，甚至具有危险性。巴黎的状况正好相反，我见过催眠术被人们自由地运用以激起症状的发作，然后又以之去治愈症状的事情。此外，有最新的报道称，南锡[①]地区出现了一个新的学派，他们广泛地

① Nancy：法国东北部的一座城市。

弗洛伊德一家在伦敦的屋顶花园

应用心理暗示作用于治疗之中，并且极为成功。他们中有些借助催眠术，有些不然。正因为如此，除了偶发的或者非系统性的心理治疗方法外，在我行医的第一年中以催眠术和暗示作为我的主要武器是再自然不过的事情了。

当然，我的做法相当于放弃了对机体性神经疾病的治疗。不过这并不重要，因为一方面神经系统疾病的治疗效果一直不好，另一方面对于一个在大城市行医的医生而言，神经系统疾病的病人和神经质（neuroties）患者比起来，数量少得可怜。而且神经质的病患人数会随着他们的慌张无措和有病乱投医的情况成倍地增加。且不说这个，单以催眠术来工作这一方面，就确实有它吸引人的地方。因为实施催眠术使我第一次尝到把别人从无助中救起并帮助他们回归正常生活的滋味。另一方面，以制造奇迹而享誉美名也是一桩乐事。直到后来我才发现催眠术有缺点存在，使我感到最困扰的有两点，一是不能百试不爽，使每个病人都被成功催眠；二是我对病人催眠的程度无法控制。因此，为了使我的催眠术日臻完美，1889 年夏天我到南锡去待了几个星期。在那里，我亲眼看到了年老的利埃博（Liebault）在工人阶层的妇女和儿童中间工作的感人场面，也亲眼看到了贝尔南（Bernheim）对病人所做的惊人实验。而贝尔南的实验给我印象最为深刻的莫过于知道了在人类的意识层面之下，还有可能隐藏着另一个极为强有力的心智过程。当时我就认为这对实验的方法也许大有帮助。我说服了一个病人跟随我去南锡，她是一个歇斯底里患者，极有才华且出身清白。她之所以成为我的病人是因为没有人知道该怎么处理她的问题，进而把她转到我的手上。由于催眠术的效用，我使她过着一种还能忍受的生活，而且总是能够把她从可怜的状况中超度出来，但她的症状不久又会复发。起先我以为是因为对她的催眠没有达到梦游或者记忆消失的程度所致，在把她交给贝尔南之后，贝尔南也多次尝试把她带到那种催眠程度，但都失败了。他坦白对我承认，他用暗示作用得到的成功治疗只见于医院的病人，他私下的病人也同这位病人一样不成功。我和他有过许多次极富启发性的讨论，并且我还把他有关暗示及其治疗效果的两本巨著翻译成德文。

1886年到1891年间，我的科学研究工作几乎停止，也没有发表过半篇文章。这个时期我每天都在为建立自己的新专业和缓解自己日益增加的家庭经济压力而忙碌着。我和我的朋友兼助手奥斯卡（Oskar）医生合著的一本有关儿童脑麻痹的研究著作终于在1891年问世。同年，我应邀为《医学百科大全》执笔，这使我开始了失语症[①]的理论探讨。在当时正是韦尼克（Wernicke）和利希特姆（Lichtheim）执掌失语症的时候，他们都极其强调部位的重要性。而我那次对失语症的研究成果则是一部推测性质的小书《对失语症的认识》（*zur Auffassung der Aphasie*）。下面我将讲述为什么科学的探索研究又再度成为我最感兴趣的事情。

① aphasia：借助词语进行理解和表达语言符号意义的功能丧失或言语困难。

从催眠术到性因素

首先我要补充说明一下催眠术的局限性。起初我也把催眠术应用到其他方面，用它来探寻病人的症状根源，而这些正是病人在清醒时只能作出不完全描述或者根本不能描述的。这种方法的好处不只是因为它比单纯暗示性的命令或者禁令有效，更重要的是这个方法对于一位努力想用单调的暗示法为病人治病的医生而言，它更能够满足其寻根究底的好奇心。

我习得这种方法是我还在布吕克的研究室工作的时候，我认识了当时维也纳最受人尊崇的家庭医生之一约瑟夫·布罗伊尔（Josef

Breuer）博士。他虽然是一名家庭医生，但也有过科学研究的经历，而且有好几部关于呼吸器官和平衡器官的生理学著作,具有划时代的意义。他是一个禀赋极高的人，比我大十四岁，我们之间的关系很快变得亲密起来，而他后来也成为我的挚友和助我解决困难的帮手。我们共同分享彼此在科学上的见解，不过在这种关系中受益的自然是我。再后来，为了精神分析学的发展，我失去了他的友谊，让我付出这么大的代价真的是太困难了，但是为了真理，我最终不得不牺牲这份友谊。

事情是这样的，在我远赴巴黎之前，布罗伊尔就曾经向我提到过一个歇斯底里的病人。在1880年到1882年间，布罗伊尔以一种特殊的方法为病患治疗，这使他能够触及歇斯底里症状的病因和病症的根源。这件事发生在雅内的工作尚未开始之前。布罗伊尔曾反复为我讲述该病例病史的各个片段，那时候我就觉得这种特殊的方法对于了解精神病质病人的情况比以往任何观察方法都更有效果。所以当我到巴黎时就决定把这些发现向沙尔科报告，而且我也那样做了。可是鉴于我的首次描述，沙尔科对于这个题目并不感兴趣，所以我也没有再接触这个问题，渐渐地把它淡忘了。

回到维也纳之后，我的注意力又集中到了布罗伊尔的观察上去，并且希望他多谈论一些有关这方面的东西。布罗伊尔告诉我，那个病人是一个禀赋极高且受过高等教育的女孩子，她的病症是在她去照顾她敬重的父亲时开始发作的。布罗伊尔第一次接触这个病人时，临床表现极为错综复杂，包括痉挛性全身麻痹和抑郁性意识错乱等。布罗伊尔在一次偶然的观察中发现，如果能让她用语言描述出当时笼罩着她的那些错误的意识或者幻想，就能够让她摆脱那种意识混淆的状态。基于这一发现，布罗伊尔创立了一套新的治疗方法：把病人催眠到很深的程度，然后要病人告诉他每次发作时压迫着心灵的是些什么念头。通过这种方法，布罗伊尔帮助这位病人克服了发作性的抑郁性意识错乱，又运用同样的方法为她解除了各种压抑和身体疾病。她在清醒的时候和其他病人没什么两样，都说不出自己病源的究竟，也不能指出这些症状和自身的生活经验有哪些关联，但是一旦被催眠，她马上就能分辨出清醒时理不清的关系来。事实是，她的一切症状都和她照顾她父亲时所经历的事情有关。换句话说，她的每一种症状都有现实意义，都是当时的情绪状态的延续。并且十之八九是因为她在父亲的病床旁边产生的不合常理的冲动和幻想导致的，这些不能实现的想法和冲动在体内聚集并且以某些症状表现出来。但是任何症状都不是单一的，类似上述具有伤害性的情况总是由很多类似的情形积累成的。所以当一个病人在催眠的虚幻状态下回想起某一情景并且对当时情感进行自由表达，或者说对原先被压抑的冲动与幻想进行表达的时候，症状就会自行消失。经过漫长而艰辛的努力之后，布罗伊尔终于凭着这种方法彻底地治愈了那位病人。

那位病人痊愈以后生活得很好，并且能够胜任繁重的工作。在这个病例中，有一道晦涩又费解的帷幕一直笼罩在她的催眠治疗过程中，布罗伊尔从不曾为我揭开它。这就是让我想不通的：为什么布罗伊尔不肯把那些极有价值的发现尽早公布出来为科研尽一份力，反而把它们隐瞒那么久。暂不提这个，目前最重要的是布罗伊尔在这个病例上的发现能不能普及运用到其他病患身上？我认为布罗伊尔的发现极具重要性，若真的在一个病例上被证实过，那么就一定会对其他类似的病例有效。要证实我的设想，只能把这些发现运用于更多病例，依靠经验来证实它。于是我把布罗伊尔的方法用在了我自己的病人身上。经验证明催眠的暗示疗法存在局限性，尤其是在1889年拜访过贝尔南之后，我就再也没有使用过这种方法。在经过几年的观察后，我发现布罗伊尔的临床发现都可以在对上述治疗方法有反应的歇斯底里病患身上看到，同时我也收集到了大量与之相类似的资料，所以我提议由我和他合著一本专著。开始时他极力反对，直到雅内的著作问世他才不再坚持。雅内当时的著作和他的结论有些相同——比如把歇斯底里症状根源追溯到曾经历过的生活事件中去，并以催眠术再现症状发作的原始状态（in status nascendi）从而使症状消失等等。1893年，我和布罗伊尔发表了一篇绪论《论歇斯底里现象的心理机制》(*On the psychological mechanism of hysterical phenomena*)，随后于1895年共同出版了专著《歇斯底里研究》(*Stuadien uber Hysterie*)。

如果读者朋友通过上述文字认定《歇斯底里研究》一书是布罗伊尔的心血之作，那么你们和我的看法就不谋而合了。这也正是我特别重提此事的目的。该书中提到的理论只有一部分与我有关，而且涉及的程度小到至今已经无法再去分辨。书中所谓的学说也不过是当时那些观察所得的记录而已。《歇斯底里研究》一书并不是要明确指出歇斯底里的特性，而只是阐明症状的源头，所以它特别强调情感生活的意义，以及区分潜意识（unconscious）、意识（conscious）和能意识（capable of being conscious）在心理活动中的重要性；书中假设症状起源于压抑的影响，提出了动力因素（dynamic factor）的观念。此外，本书还认定同一症状是同一能量的产物或由其转化而来的，这种能量如果不产生这种症状，也必定会施加到其他方面去产生相应的症状（叙述过程的后半段就是所谓的转化［conversion］），这就是所谓的经济因素（economic factor）的观点。布罗伊尔为我们的治疗方法起名为涤清法（cathartic），他解释这个方法的目的是要把那些走错了路线而累积成为病症的情绪引导到可以找到出口的正确道路上去（或者称之为发泄）。涤清法的临床效果非常好，不过后来我才发现此法与各式的催眠治疗有着相同的缺点。时至今日仍有一些精神治疗的专家们对此法乐此不疲，但他们对涤清法的了解却远不及当时的布罗伊尔。到第一次世界大战期间，西梅尔（Simmel）使用此法为德国部队治疗战场神经质症（war neurosis）的时候，涤清法显示出了其简易的价值。涤清法的理论很少谈及性的范畴，而性的因素却在该书中我所提出的病例里占据了重要的地位。但是布罗伊尔却并不注意性因素，只把它看成是一般的情绪激奋。在该书中布罗伊尔提出的病例，那个以布罗伊尔的第一个病人闻名的女孩子也被他描述成一个性方面极度发育不全的人。所以想从《歇斯底里研究》中找到性因素在神经质病症[①]病因中的重要性是一件相当困难的事。

下面的发展阶段是由涤清法到精神分析的过渡阶段。对于这一阶段的发展我已多次详细叙述，所以要我在本书中再补充说明一些新的

① 神经质病症是在神经质性格的基础上产生的。在某些特定条件下，任何人都可能发生神经质症状。

发现实在是很困难。进入这一阶段的导火线是布罗伊尔开始了退休生活，而他未竟事业的唯一接班人竟是曾与他共同工作的我。虽然在我和他共同工作的初期我们就存在意见分歧，但这种意见分歧不足以成为我们分开的理由。比如在回答“在心智的发展过程中，什么时间出现病态的现象”或者“在心智的发展过程中，人们找不到适当的宣泄出口是从什么时间开始的”等问题时，布罗伊尔赞成生理学理论，他认为那些找不到正常出路的心智过程是一种不寻常的“催眠样的状态”（hypnoid）的产物。他的这种解释可以引起另一个问题，那就是“催眠样的状态”的心理状态从何而来？而我面对上述问题时则倾向于那些病症的出现是由许多日常生活中存在的动机、目的和许多力量相互作用而形成的。所以我与布罗伊尔的分歧是“被催眠状态的歇斯底里”（hypnoid hysteria）和“防御性的神经质”（defence neurosis）的对立。但不管怎么说，这样的分歧绝对不会使他退出这项研究，一定有其他方面的原因导致他作出了这一决定，这些原因无非是身为内科医生和家庭医师的工作占用了他太多的时间，所以他不能像我一样把自己的全部心力都投入到涤清法的研究中去。除了这个重要原因外，他也受到了《歇斯底里研究》一书在维也纳和德国两地得到的反响的影响。比如说当该书受到施特伦培尔（Strumpell）的严厉抨击时，我可以因为他对书中理论缺乏了解而对他的评论一笑了之，但布罗伊尔却因此而伤心气馁，这是因为他的自信心和对外界的抵抗能力没有他的智力等部分发育得那么好。而他果断决定退休的另一个原因是他不能认同我下一步的研究方向。

我在上文提到过，我和布罗伊尔在《歇斯底里研究》一书中建立的理论体系还很不完整，特别是我们几乎没有触及症状产生的根源，而根源恰恰是治愈病症的关键。现在我已经能够从快速累积的经验中认识到，神经质病症并不是由任何情绪激奋引起的，而通常是由早年的性经验或近期的性冲突引起的。我从未想到会是这个结论，这个结论也并不在我的预期范围内，一直以来，我对神经质患者（neurotics）的研究都是完全自信并且没有任何偏见的。在1914年我撰写《论精神分析运动的历史演进》一书时，我脑海中浮现过好几次布罗伊尔、沙尔科和赫罗巴克（Chrobak）向我提示过的那些要点，但当时我并没有理解这些权威的意思，事实上他们告诉我的比他们自己准备去研究的要多得多，如果当初能够深入了解的话我早就得到这个结论了。不过当时听到的东西一直隐藏在我的潜意识里，直到我做涤清法的实

弗洛伊德与安娜、琼斯等在伦敦埃尔斯沃思路，1938年6月6日

验时，它们才抓住机会涌现出来，就像是全新的发现一样。当时我还没有把歇斯底里追溯到“性”问题上，我只想回到医学的最初阶段并且效仿柏拉图的思维继续探寻，直到后来我读到了哈夫洛克·埃利斯（Havelock Ellis）的文章。

在自己的这个惊人发现的影响下，我迈出了极其重要的一步，跨过歇斯底里的领域转而开始研究我门诊中常见的“神经衰弱病人”（neurasthenias）的性生活。这一尝试的代价巨大，它牺牲了我作为医生的威望，但在三十年后的今天，它带给我的信念却依然坚韧无比。在当时研究病人的性生活需要克服许多的闪烁其词和病人的保守观念，但克服之后就会发现所有这些病人都呈现出严重的性功能运用不当的现象。考虑到这种现象相当普遍的性功能运用不当与神经衰弱症之间并没有多少相似性，经过仔细观察，我想也许可以从“神经衰弱症”的错综复杂的临床表现中分出两种临床类型，它们基本上不同但是却以不同的比例混合呈现出来，而纯粹的这两种类型几乎不存在。在第一种类型里，病人的心理特征是焦虑（anxiety），或者说是病人主要的、代表性的症状，我称这一类型为焦虑性神经机能症（anxiety neurosis），而把神经衰弱（neurasthenia）一词为另一类型命名。到这里我们已经可以很容易地判断一个事实，即每一型都因各自的性生活异常而成为该型的致病因素。性交中断（coitus interruptus）、未宣泄的激奋（undischarged excitement）和禁欲（sexual abstinence）成为第一型的病因，第二型的病因则是过度手淫和过多的梦遗。有少数病例的临床表现为在两种类型之间的不断转变，我们可以证明这种奇怪的转变源自其性生活的相对改变，并且可以知道：如果停止其不正当的性生活，换之以正常的性行为就可以大幅度缓解其症状。

鉴于此，我开始倾向于认定神经机能症等同于性机能障碍，所谓的“实际神经质”（actual neurosis）就是这种障碍的直接且具体的表现，“心理性神经质”（psychoneurosis）则是这种类型障碍的心理表现。得出这样的结论使我的医学良心得到了莫大的喜悦。我希望我的这个结论能够弥补医学上的缺陷，因为性机能具有极大的生物学意义，而在医学中除了炎症和解剖学上的病变之外从不考虑其他问题。此外，这个结论的医学意义不单单可以心理过程上得到证明，还可以从性上得到证明，性有其机体的一面，也许性机能有其特殊的化学作用，性的兴奋也可能是由某种未知的物质所引起的。我相信可以用更好的理由证明，为什么再也没有其他的疾病群体比中毒和戒酒或者甲状腺亢进的症状更近似于自发性的神经质。而上述的病症或现象正是由于某种有毒物质的发作或缺乏导致的。

从那个时候起，我就再也没有机会回到真正的神经质的研究，而且这方面的工作也后继无人。现在我再回顾早年的发现时会惊讶地发现之前的工作只不过是对一个极端繁复精密的课题所作的大纲草稿而已。不过在我看来，这草稿还是相当不错的。如果后来我可以多找几个单纯的青年性神经衰弱的病例加以精神分析的检查，那么一定会有让我更兴奋的发现，可惜的是一直没有遇到这样的机会。为了避免引起误读，我想在此特别说明一下，我绝对没有否认神经衰弱中有心理冲突和神经质情结（neurotic complexes）的存在，我只是肯定这类病人的症状是由性的化学作用障碍引起的，它不取决于心理状态也不能用精神分析法去治愈。

由于《歇斯底里研究》得出了性因素在神经质的病因中占据重要因素的结论，该书出版后我在好几个不同的医学会上宣读过这方面的论文，但得到的只有怀疑和反对。布罗伊尔曾经用他在学术界的影响竭尽全力地支持我，但最终徒劳无功，后来他也退却了，不敢再承认神经质的性因素这回事了。其实他只要提出他的第一个病人，一个根本与性因素无关的病人，就足以把我的结论推翻或者让我不知所措，但是他没有那么做。我直到有能力正确地解释该病例并且从布罗伊尔的提示中获得结论时才了解他没有提出他第一个病人的原因。因为当那个病人运用涤清法治疗接近尾声的时候突然产生了一种“爱的转移”(transference love)，布罗伊尔因此气馁地放弃了治疗，他并没有意识到这是她的病。显然，若提起这次明显的意外失败会让他很痛心。那时布罗伊尔对我的态度游移在欣赏和严厉的抨击之间，像是一般碰到窘境的人一样，没过多久我们就因为摩擦而分道扬镳。

我研究一般神经系统疾病的另一个结果是改变了涤清法的治疗技巧。我放弃了催眠术转而寻找其他方法代替治疗，因为催眠术只能治疗歇斯底里型的病症。另外，随着我临床经验的积累，我甚至对催眠术在涤清法中的有效性产生了严重的怀疑。因为再好的治疗效果也会受到我和病人之间关系的影响，关系好的时候可能会获得重大的治疗效果，而一旦关系出了差错疗效很容易化为乌有，这足以显示出医生与病人之间的私人感情关系胜过了涤清法的力量，而感情关系又是最不容易控制的因素。在后来的一次治疗中，我经历了一个小插曲，它使我隐约看到了我怀疑已久的事。那是一个最听话的病人，我一直以催眠术为其治疗，并已经获得了最好的疗效：追溯到了病症的源头并借此祛除了她的痛苦。但那天她例外地醒过来，一把搂住了我的脖子，幸亏一位用人恰好进来才免除了一场让人痛苦的挣扎。这件事发生之后我和那位病人都明白应该中止催眠治疗了。我算是个谦虚的人，不会把这件事情归因于我个人的不可抗拒的魅力。我认为我已经捕捉到了那个催眠术背后的神秘力量的真实面目，所以如果想排除它或者把它分离出来就必须放弃催眠术。

客观地说，催眠术对涤清法的治疗有很大的帮助，它可以扩展病人的意识领域，使病人能够触及清醒时不能触及的方面，所以要找到一个替代方法真的不容易。我正在为此烦恼时突然想起我以前常看到的贝尔南做的实验：当病人从催眠状态清醒过来时，似乎忘记了在催眠状态中发生的所有事情，但贝尔南却认为记忆一直存在，他断言病人知道一切，只是不记得了，他会在说出这句话的同时把手放在病人的前额上，坚持要病人回忆，果然那些已经忘记的记忆又重新浮现，开始时会有些间断，但最终会完整清晰地涌现出来。所以我决定采用贝尔南的方法，我觉得我的病人必须明白他们在催眠时回忆起的东西，而且我相信以我个人的鼓励和保证加上我放在病人前额上的手，应该可以使忘记的事情和关系重新进入病人意识的领域。毫无疑问，这种方法较之催眠术需要更大的努力，但却可能获得更好的效果，所以我放弃了催眠术，只保留了让病人躺在沙发上，我坐在他前面看着他而不让他看到我的治疗方法。

俄狄浦斯与精神分析

我的愿望终于实现了——从催眠术的牢笼中解脱出来。但随着技术的改进，涤清法却呈现出一种新的姿态——早期催眠术把现今显而易见的多种力量的交互作用忽略掉了，而今天我们见到那种交互作用的现象会加以理解，这成为我的新理论的坚实基础。

怎样才能让一个病人在忘记了许许多多的内在的和外在的生活细节或事故后，通过特殊的技巧使他们全部回忆起来？只要经过详细的观察，就足以对这个问题提供彻底而全面的解答。每一件被遗忘的事情都有其痛苦或羞耻的一面，如果以该病人的人格标准衡量后就会发

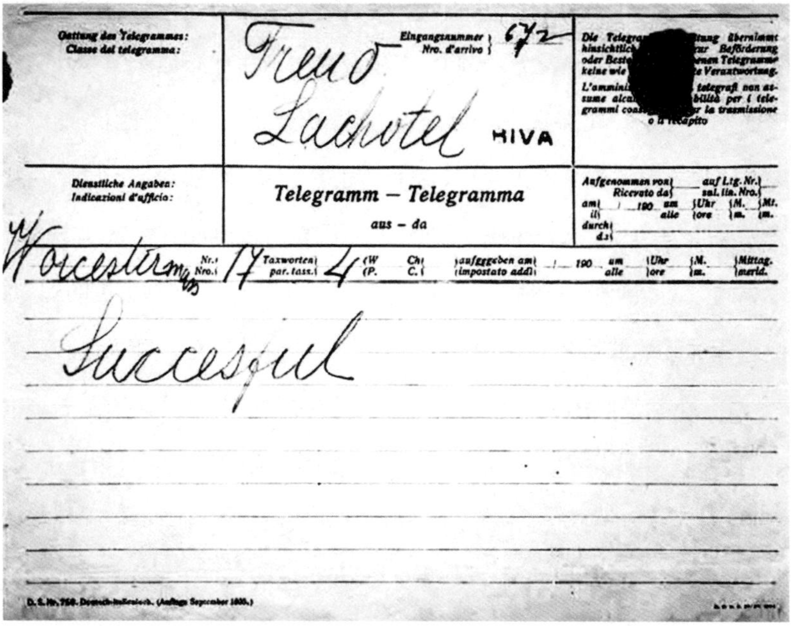
Gattung des Telegrammes:
Classe del telegramma:
Eingangsnummer / Nro. d'arrivo 672
Freud
Lachotel HIVA
[redacted]
Dienstliche Angaben:
Indicazioni d'ufficio:
Telegramm – Telegramma
aus – da
Worcester Nr. / Nro. 17 Taxworte / par. tass. 4
Succesful

弗洛伊德发给妻子玛莎的电报，1909 年

现，这些事情要么让他惊恐，要么会造成他的痛苦抑或羞耻。这种惊恐或引以为耻的观念在不知不觉间便形成了，成为事情被遗忘的原因，换句话说，这正是这些事情不能留在意识中的原因。如果必须要让它们重新回到意识中，就必须克服那些内在的阻力，并尽最大的力量进行驱逐或者压制。医生方面需要做的努力视病情而定，且和需要病人回忆起的事情的难易成正比，显然医生为病人耗费的功力相当于病人病情带来的阻力。说实话，我仅仅把在这方面的观察所得写成文字就足以完成我的抑制（repression）学说。

写到这里，病症的发病过程已经非常清楚了。我们来看一个简单的例子：某人心里产生了一种特别的冲动，但却被其他力量反对，为了方便起见，我们把这两个具有活力的力量暂且称为“本能”（instinct）和“阻力”（resistance），我们可以猜测这时产生的心理矛盾不外乎走下面两条路。一是会在完全意识状态下相持一段时间，直到本能的冲动被压倒并且能量[①]消失为止，这个过程是正常的解决途径。二是在神经质患者身上，由于一种还不确定的原因导致那种冲突的宣泄方式大不相同，在受到某一反对力量的阻碍后，“自我”（ego）受到震惊而退却，但阻止冲动的能量却到达意识中，动力不能宣泄出去，结果该冲动的“能量”仍然没有削减，我们称这个过程为“抑制作用”。这是一个很新的名词，在此之前并不曾有过类似的东西在心理范畴中被指认出来，显然这是一种防御机制（mechanism of defence），有点类似于逃走的想法，可以说它是后面具有决定性判断的先兆。抑制作用还包括其他步骤：首先，“自我”不能长期处于消耗的状态，即所谓“对抗能量”（counter-charge or anti-cathexis）用以对抗那些被抑制的冲动再次出现的威胁，直到筋疲力尽的程度。其次，隐藏在潜意识后的被抑制冲动也能够找到宣泄的方法或者经过迂回的路线找到适合的替代物，从而使抑制作用的目的破灭。在转换性歇斯底里（conversion hysteria）病人那里，这种被抑制的冲动会经过几次转折后到达全身的神经分支，再从不同的地方突围出去进而产生症状。这些症状其实是折中后的结果，他们虽然是替代品，却因为“自我”的阻力存在而不曾改变或者歪曲过。

---

① 原文为 Besetgung，英译为 charge of energy。弗洛伊德的意思是指他假设附着在意识或者潜意识的心理冲动上的全部能量，就像电器上的电一样。

如上文所说，抑制作用学说是我们了解神经质病的基础，我们现在要谈的是治疗的工作方面。如今治疗的目的已经不再是扭转那些已经走错路线的效应，而是要揭开被抑制冲动的真实面目，用一种可以决定是否把过去被压倒的冲动加以接受或拒绝的判断行为代替它。为了表示出对这一新情况的发现，我决定不再把我的探索和治疗方法称作涤清法，而是改称精神分析（Psychoanalysis）。

本来我们可以把抑制作用看做精神分析学说的中心，把其他因素看做与抑制作用有连带关系的部分，但在这样做之前我必须进一步提出一个值得争论的问题。根据雅内的理论所说，一个歇斯底里的女人是一个可怜而又不幸的人，因为体质上的弱点而无法把她的心智活动集中在一起，从而成为心智脱离和意识领域受到限制的受害者；然而，精神分析法研究的结果却表明，这些现象都是心理冲突和抑制作用等的动力因素作用的结果。对于我而言，这一明显的区别就足以使那些认为精神分析的价值仅仅是采用了雅内理论的传言不攻自破。读者朋友或许能够从我的叙述中发现，从历史的角度看，精神分析是完全独立于雅内的理论而存在的，其内涵与雅内的理论有巨大分歧，精神分析在心理学中的重要地位远非雅内的理论所能企及，而雅内的理论也绝没有帮助精神分析成为心理学中重要一环的内涵，更没有能力使精神分析吸引全世界的兴趣。我对雅内本人一向是很敬重的，因为他的理论和布罗伊尔的理论有很多不谋而合的部分，只不过布罗伊尔的理论成型得较早却晚于雅内的理论发表而已。可惜当精神分析在法国成为主要讨论的话题时，雅内的表现却非常糟糕，他在很多方面表现出

弗洛伊德画像

了对事实的无知和抹杀，还经常卑鄙而又强词夺理地争论。最终，他原形毕露，宣称他提出潜意识的心之行为时并没有特别的用意，顶多算是一种表达方式（facon de parler）而已。他这种做法简直是在诽谤他自己的学说和著作。

事实上，由于对病态抑制作用的研究和其他后面还要提到的各种现象的研究已经使精神分析学说郑重地提出了“潜意识”（unconsciousness）这个概念，精神分析学说对与心智方面有关的每件事物都把其首要含义视为“潜意识的”，而“意识”（consciousness）的成分则可能有，也可能没有。这样的观点必然会引起那些认为“意识的”等于“心智的”哲学家们的反对。他们称，像“潜意识的心灵”（unconsciousness mental）这样荒谬的词句简直不能让人理解。对于这种反对的声音，我们爱莫能助，只能对哲学家们的这种“特异气质”（idiosyncrasy）耸耸肩一笑了之。从病理材料得来的经验可不是一般的哲学家所能知道的。我们从这些经验中来看动机的频率和威力，关于动机所谓何物我们还没有直接的认识，因而必须以一般的对待外界事物的推论方法去考察它，所以潜意识的说法毫无疑问。顺便说一句，以看待自己心理的方法去看别人的心理相当于你没有直接的认识，只能从别人的言辞和行动进行推论，虽然你照样可以毫不犹豫地指出对方的心智过程，但必须注意的是，对别人有效的东西必须也能应用到自己身上。任何想要通过进一步辩论来认定一个人隐藏着的心智过程都属于第二个"意识"，这时他必须面对一种自己也一窍不通的意识概念，即"潜意识的意识"（unconscious consciousness）的观念，这种观念和"潜意识的心灵"（unconscious mental）相比并没有更好一些。另一方面，假如像一般的哲学家那样把病态现象考虑在内，宣称潜伏着的过程不应该称为"心灵的"（mental）而应该称为"心理的"（Psychoid），那么意见上的分歧就会演变成字面的争执，这种争执将会无休无止。虽然这两个词实际上没有差别，但从方便的角度考虑还是保持原来的"潜意识的心灵"为好。关于进一步追问潜意识的本质问题，就和追问意识的本质问题一样不明智，一样的没有意义。

想要正确地指出在精神分析中如何把潜意识作进一步的划分，使其成为"前意识"（preconscious）和潜意识两部分，是一件非常困难的事。也许我可以这样概括：精神分析是一个合理化的程序，这个程序是为了更加便于处理一些无法直接观察的事物和材料的假说，并且可以给那些直接表达经验的学说以支持，在较早的科学中也出现过类似的程序。我们假设"心智"是一台机器，它是由一个机能系统建立起来的，这个机能系统是由许多可以用具体名词表达其相互关系而又不必牵扯到实际中脑解剖位置的系统（functional systems）组成的。

我把这个方法称为局部进行法（topographical method of approach），把潜意识划分成两部分也是这个尝试中的一部分。像上述一类的许多概念都是精神分析的假想附属品，对任何一部分感到不满意的时候都可以毫无顾忌地加以修正甚至放弃。除此以外，与实际经验更接近的层面里还有许多值得大书特书的东西。

我在前面提到过对神经质病潜在因素的研究已经使我越来越感到病人的性冲动和性抑制力的矛盾。在寻找性退化发生的病源状况以及退化后取而代之的症状的起源中，我被一步一步地带向病人的生命历程里，最终回到了病人童年的第一页。这时我发现，诗人们和研究人性的学者们常说的“生命早期的许多印象虽然绝大部分都被埋藏在遗忘的记忆里，但却在个人的成长中留下了不可磨灭的痕迹”这句话果然是至理名言，因为这些不可磨灭的痕迹会为其后发展出来的各种精神症状埋下伏笔。由于童年时代的经验几乎全都涉及性的激奋及其反应，我发现我所要面对的竟然是人类的偏见中最新奇也是最抵触的婴儿性欲这一难题。童年时代总被认为是天真无邪、没有半点性的邪念的，而且也总被认为远未步入骚乱的青春期，就意味着与“性”这个魔鬼的斗争尚未开始。所以偶尔碰到一些不能忽略掉的性活动时就把它们看做堕落或者异常的表现，或者说个性反常的怪物。很少有像精神分析学说因主张“性机能与生俱来，而且在童年时代就可以找到重要的表现以证明其存在”那样受到如此广泛而且普遍的反对，并且激起这么多的愤怒的理论了。即使如此，精神分析学中也再没有一个像这样能更容易标示并且能表达得更透彻的主张了。

在进一步讨论婴儿的性机能（infantile sexuality）这个问题之前，我有必要提一下我曾经犯过的错误，那个错误几乎使我的整个工作受到致命的打击。在我当时所使用的治疗方式的影响下，大部分病人都从他们的童年时代找出了曾经受大人性挑逗的记忆来，在女病人方面，几乎都认定挑逗她们的人是自己的父亲，我当时完全相信她们所说的，自以为已经发现了由于童年时代性挑逗经验而造成的神经质病的根源。恰巧有几个病人和她们的爸爸、叔叔乃至哥哥之间的这种关系一直延续到了记忆清晰可信的年龄，这更增加了我的信心。如果读者朋友认为我的轻信不可取，这也不能完全怪你们，虽然我可以解释为在当时我是有意保持自己不对任何事物作判断，以保持一个最公正最开放的接受态度去面对当时吸引我注意的新鲜事物。直到最后我认清了那些所谓的挑逗只是病人的幻想，根本从未发生过或者说完全是被我的方法强迫出来的时候，那段时间我对自己灰心失望到了极点。原本对自己的技术和研究结果抱有的信心也受到严重的打击。毫无疑问，这些结果都是我那些自以为是的方法导致的，但究其主题与我开始研究的症状有关，所以这没有错误，在我好好想过之后，我依旧能从我那些发现中得出正确的结论，比如神经质症状并不会与实际事物发生直接的关系，而是与幻想有关；另外对于神经质病而言，心理上的实在性比物质上的更为重要。时至今日，我仍然不相信是我“暗示”了我的病人或者说强迫他们产生出被挑逗的幻想，这完全是因为我第一次碰到“俄狄浦斯情结”（Oedipus complex）时没有透过幻象的伪装把它认出来，这在后来极具重要性。此外，童年时期的挑逗在神经质病的病因中影响极其微小，但终究有其地位，只不过挑逗者通常是较为年长的孩子。

由此可知，我所犯的错误与那些相信早期的罗马国王的传奇故事（如李维等叙述的那样）所犯的错误是一样的。所以当我把错误改正之后，摆在我面前的就是研究儿童性机能的康庄大道。因此，把精神分析学运用于其他科学领域成为可能，并且还可以利用它的资料辅助钻研另一套生物知识。

在我看来，性机能于生命初期就存在着，虽然它起初需要依附在别的机能里直到后来才能独立出来，但从那时到我们所熟知的正常成人的性生活之间必须要经历一个繁复冗长的发展过程。最初表现在所有的机体本能（component instincts）中，这些都取决于身体的发情

弗洛伊德在伦敦的寓所马尔斯菲尔德花园 20 号，1938 年

区（erotogenic zones），其中有些是以一对相对立的冲动出现的（比如虐待狂［sadism］和被虐狂［masochism］，或者想看和想被看的冲动等等）。这两种相对立的冲动在各自互不相干的运行中寻找乐趣，但大都在自己身上找到目标，所以开始时它们都没有集中的目标，而绝大部分为自体性欲（autoerotic），过些时候才开始和别的冲动相协调，在口腔元素（oral component）的控制下，达到协调组织的第一个阶段，接下来的是肛门虐待期（anal-sadistic stage），到达第三个阶段之后，生殖器才会发育完全，性机能才开始达到生殖的目的。在这个发育过程中，许多机体的本能成分会在最后一刻显示出对终极目标毫无用处，因而被放在一旁或者转为他用，另一部分则会把目标转向生殖器组织。我把性本能的能量称为力比多[①]，而且限制这个名词只能用于这种能量上。之后我假想力比多并不总是顺利地通过它们既定的发展路线，其结果是由于某一种基因或者经验过于强烈而引起满足感的提前，这样在其发育过程中的任何一个阶段都有可能发生力比多的固结（fixation of the libido），一旦将来发生退化（regression），即性的本能会退回到这些固定的点上，进而爆发出来形成症状。后来我知道，固结点的位置才是决定未来疾病症状以何种形态出现的因素。

达到目的的过程在心智活动中占据着极其重要的位置。这一过程也在力比多建构的程序中发生。当一个人经过了自体性欲期（auto-erotism），不管是男是女，他（她）所爱恋的第一个目标都是母亲。也

① libido，或译为性欲基力。

许是因为在婴儿时期，母亲用以喂养他们的器官被他们与自己的身体混为一谈。在婴儿接近一岁的时候，所谓的俄狄浦斯情结的关系就建立起来了。男孩们把他们的性欲望都集中到母亲身上，而把他们的父亲看成是情敌而产生了仇恨的意图。女孩子们则正好相反[①]。各种不同形态的俄狄浦斯情结的后果都是很重要的，尤其是人类与生俱来的两性体质（bisexual constitution），更使这种重要性凸显出来，同时大大地促进了两性的发展。小孩子有相当长的时间分不清楚两性之间的区别，而在这一段所谓“性的探索”（sexual enquiry）时期中，产生了各自“性的学说”（sexual theories）。囿于他们有限的发育情形，所以他们的“学说”都是半真半假，并不能解决性生活中的问题（比如婴儿是从哪里生出来的，等等）。这么看来，婴儿的第一个性欲对象是一个乱伦的对象。上述整个发育过程是很短暂的时期。人的性生活中有一个很重要的特征，即有两个起伏，中间存在一个间隔。第一个高峰是在四五岁的时候，但是这次早发的性欲会在萌芽中遭到摧残，使原先生机勃勃的性冲动被退化作用控制住并进入潜伏期（period of latency），潜伏期会一直延续到青春期为止。在这个时期，道德品行

① 1935 年注：有关婴儿性机能的探讨全部来源于对男性的研究，所以探讨得出的学说也是针对男童的。我们很自然地会想到在两性之间，也就是在男童和女童之间会有相同的东西平行存在，但事实不是这样，进一步的研究表明，在两性之间，性的发育有很大的差异。女婴的第一个性欲对象和男婴一样，都是自己的母亲，但是在女婴成长发育到成年人之前，她们的性欲对象和突出的性带都会发生改变。所以女性会产生男性所没有的禁欲等可能性。

中的造作（reaction formation）、害羞、厌恶等都建立起来①。在所有的生物中，似乎只有人类才有这种双重的性发育起点，而也许这正是人类特有的神经质病的生物因素。到了青春期，那些在婴儿早年时期的冲动和性欲对象等关系又再度活跃起来，包括俄狄浦斯情结在内，青春期的性生活是一种对婴儿时期的冲动和潜伏期的抑制之间的斗争。在这之前，尤其是当孩子正处于幼年性发育的高峰时，某种性器官已经发育完成，但只有男性生殖器如此，女性的则仍然未发现（我曾经称这段时期为阳物至上期［period of phallic primacy］)。在这个阶段，两性之间的区分并不是“男”“女”两个字,而是以“有阴茎”或“没有阴茎”来区分。这时产生的去势情结（castration complex）对于神经质病的性格形成有着极其深远的影响。

为了把这个关于人类性生活的发现表达得更为清晰易懂，我把不同时期所得到的各种结论综合起来，并且给予增补和修正，形成了后来的《性学三论》②，该书的初衷是希望人们借助此书可以更加容易地了解我引申性观念的意图，但在引申这一点上我引起了许多反对也受到了很多压力。我对性观念的引申是两个方面的：一方面，性一直都被认为与生殖器有不可分割的关系，而我却把性从中分离出来并且把它看做一个覆盖面更广的生理机能，它以快乐为终极目标，生殖只不

① 1935年注：潜伏期是一种生理现象，它造成的唯一效应是文明系统中性生活的完全中断。对婴儿性欲的压制属于文明系统中的一部分。这种压制在大部分未开化的种族中并不存在。

② *Three Contrifutions to the Theory of Sexuality,* 德文原版名为“Drei Abhand lungen zur Sexualtheorie”，发表于1905年。

过是其次要目标；另一方面，我认为性冲动包含所有的可以用最传统的“爱”（love）字来形容的念头，哪怕是亲昵或者友善的冲动。上述是我对性观念的两点引申，但我并不认为它们有任何革新之处，它们充其量只是一种修复工作，而这两点引申所代表的是改变我们过去经常被误导的那些错误观念和限制。

把性和生殖器分离开的好处是我们可以把小孩的变态性行为和成年人的性行为看做同一个范畴。小孩子的性行为在过去是被完全忽略掉的，虽然变态的性行为已经被认清，但却囿于道德伦理观念而没有被真正地认识。从精神分析学的角度看，就算是最古怪和最令人憎恶的变态性行为也可以被解释成一种性的机体的本能表现，这种本能已经脱离了生殖器的管制并且像在性欲初期时一样追求自身的快乐。在这些变态现象中最为重要的是同性恋（homosexuality），其实用这个名词并不妥当，同性恋应该归因于人类天生的两性性向（bisexuality）和阳物至上期的副作用。精神分析可以指出我们每个人在同性恋对象选择上的痕迹。如果我曾说过孩子是“多形性变态”（polymorphously perverse）的话，那只是我使用了当时的流行术语而已，并没有隐含道德上的判断。精神分析是不关心这一类型的价值判断的。

我对性观念所作的第二条引申得益于我在精神分析研究中发现了事实证明，这个事实就是：所有含有亲切感情的冲动究其根本都具有性的本质，只不过它们的目标受到了抑制（inhibited in their aim）或者升华（sublimated）。性本能这种可以受影响或者被改变的状态足以使它们适应任何一种文明的活动，并且还可以做出重要贡献。

那些对孩子性行为的惊人发现原本是在分析成人性行为时意外得出的结论，却在后来（大约在1908年以后）对小孩子的直接观察中得到了最详尽和完美的证实。说实话，我们很容易相信小孩子有规律性的性行为，人们不禁惊讶地问：人类是怎么做到彻底地忽视这一事实，并且把童年无性这种一相情愿的传说维持了这么久的？这一出人意料的情况必须要与大多数的成年人隐藏自己的童年的失忆症联系在一起。

自由联想与梦的解析

关于抗性、抑制作用、潜意识等理论、性生活的意义以及童年经验的重要性，等等，其实都是精神分析学说的重要组成部分。不幸的是，我在这里只能作个别的描述，并没能表达出各个因素之间的关系和它们彼此间的相互影响。下面我不得不提一下在精神分析学在演变过程中逐渐发生的各种改变。

我起初用来克服病人抗性的方法是催眠和鼓励，当时认为这种方法是对预期的事情有全面了解的必需的办法。但后来我意识到这种方法对于医者和病人来说，压力都太大了。又因为这种方法受到了公开的指责，所以我放弃了这个方法而改用另一种从某种意义上讲完全相反的方法，那就是我不再催促病人对某个指定的话题说些什么，相反，我尽量地让病人进入“自由联想”（free association）的状态，就是让病人想到什么就说什么，不作任何思路引导。不过这种方法有一个重点，就是病人必须把自己对每一件事情的感受都说出来，不能受自身判断的影响而把自认为不重要、没太大关系或者完全没有意义的感受忽略掉。还有一个大前提我觉得实在没必要一再强调了，那就是病人在叙述其思想情绪时要完全地公正坦白，这是整个分析治疗法的基础。

令人意外的是这种自由联想的方法达到了预期的效果。例如把因为抗性而隐藏的东西带回到意识中来，但我们必须记住，所谓的自由联想并不是真正自由的，病人的心智活动虽然并未被引到某一特定目标上，但仍处于精神分析的影响下，所以我们假设任何与该状态无关的事情都不会进入病人的脑海。而病人对过于压抑下去的记忆素材再次显现会产生抗性，这种抗性有两种表达方式，第一种是紧张的反抗，精神分析学的基本原则就是为了对付这种情形的；第二种表达方式是当病人按照分析原则开始诉说时，原有的抗性便以另一种状态出现，使被压抑的记忆素材没有直接浮现，而是以相似的事情暗喻出来，并且抗力越大，病人报告用来暗喻的相似事情就和医生探寻的真相相差越大。一个好的分析家可以泰然自若且毫不吃力地倾听病人的联想，并经由他的经验对预期的事有一个初步概念，对于病人提供的资料可以根据两种可能性加以运用。第一种是病人的抗性很小，分析家可以直接从病人的暗喻中推论出病人潜意识里的记忆素材；第二种是病人的抗性强烈，其叙述的内容和主题就会相差很远，这时分析家能够从其暗喻中辨认出其特性，从而给予病人清楚的解释。总之，认清病人的抗性是克服病人抗性的基本，所以说精神分析的工作与解说的艺术（art of interpretation）有一定关系，要想成功地运用解说的艺术就需要有颗机智的头脑并进行反复的练习，但达到这种程度并不太难。自由联想超越旧方法的原因并不是省力，而是这种方法可以最大限度地降低对病人的压迫，并且不会失去与现实世界的联系；它更能保证任何神经质病构成中的因素不被忽视掉，防止任何分析者期望的东西进入并且完全让病人决定整个分析过程所用的素材。因此那些对特定症状或者情结的综合处理亦称系统处理都变得不再可能。与催眠术、催眠法中所见到的完全不同，它所涉及的记忆素材具有联系性，这些材料会在治疗的不同时间和地点上出现，因此对于旁观者而言，尽管事实上没有，但他们认为分析治疗的痕迹被完全隐藏了。

这个方法的另一个优势是它具有永不间断性。理论上讲，如果不限制它的特性，那么它永远可以找到联想对象使分析不会中断。但有一个例外，在以往众多病例中仅有一例出现过很规则的中断，不过其治疗效果却完全没有受到影响。

现在我要说一个在技术上和理论上都十分重要的因素，这个因素对我的整个精神分析领域都极具重要意义。在每一次的分析法治疗过程中都无需医生的力量，那是一种分析者和被分析者的关系，在这种关系中会产生一种实际上完全不可思议的感情因素。这种因素有可能是正面的，也有可能是负面的，它很有可能存在于爱或恨这两个极端的任何一边。我简称这种情况为转移（transference），转移很快会在病人心中取代原先求诊治疗的愿望，并且只要这种转移足够真切和热烈，它们就会使病人受到医生的影响，转移作用遂成为左右精神分析的关键。转移继续发展会转化为爱意或者恨意，这时它成为抗性的主要工具，会麻痹病人联想的力量进而妨碍治疗。话说回来，想规避掉这种作用几乎是不可能的，因为在精神分析的过程中一定会发生转移现象。但我们不能因此认定转移是精神分析的产物，或者精神分析与转移现象相伴相生。事实上，因为精神分析，我们才发现了转移现象并且把它分离出来，而且转移是人类心理上非常普遍的一种现象，它可以决定一切医学影响力的成功与否，而且在每一个人和其各自的生活环境中，转移都占据着极其重要的位置。我们可以很容易地看出，转移和催眠家们所谓的"暗示感应性"（suggestability）一样，同是一种动力因素。暗示感应性是催眠成功与否的决定因素，但它有很多不可预期的表现使得涤清法并不是很完善。同样的，当病人不再有转移这种感情的倾向或者完全消极时，比如早发性老年痴呆症（dementia praecox）或妄想症（paranoia），等等，那时再想以心理学的方法去影响病人已经不可能了。

如果说精神分析和别的心理治疗方法一样需要应用暗示或者转移为工具的话，那么这个说法是完全正确的。在精神分析中，暗示和转移对于治疗结果没有决定性影响，它们只是被用来引发病人去做一件心灵上的思考工作——克服转移抗力。这个思考工作只关系到病人心智经历的永久改变。在精神分析里，分析者会让病人感受到转移在发生，从而告诉病人，在其转移态度中正在显示他再次经历着与儿童压抑时期中早期的爱慕对象间的感情关系，从而起到治疗效果。“转移”经由这样的运用，逐渐从抗性最强的工具转而变成分析治疗的最佳工具。就算如此，转移仍旧是精神分析术中最困难也最为重要的一个环节。

经过自由联想的方法和与之密切相关的解说技巧的帮助，精神分析到达了看似无关紧要却足以颠覆以往科学的态度和价值标准的高度，它使人们了解梦的含义并证明它成为可能。在古代经典的记载中最重要的便是认为梦境可以预见未来，但现代科学并不把这种说法当一回事，认为这是一种迷信，并解释梦只是一种沉睡时心灵发生的痉挛反应，任何一个从事严谨科学研究的人对梦境竟作出如此解释实在是让人不可思议。我们暂且不管过去人们基于对梦的排斥，继而只把它看做是一种未被人们了解的精神机能症状或者说是狂妄、虚幻的念头，事实上我们忽略了它明显的内涵，把其中的个别成分定向做自由联想，通过精神分析则可以获得一个完全不同的结论。做梦的人经过大量的联想可以发现其中的思想结构，而不再让梦境显得荒唐混乱。梦终于可以被看做是心灵的产物，不再被视为扭曲、简化或者被投射到视觉印象上的被错误解释的梦。这些潜伏的梦思（latent dream thougnts）涵盖整个梦境的含义，而表现出来的梦只不过是一种伪装而已，这种伪装可以作为联想的起点，却不能用来解释梦的含义。

到此为止，尚有很多问题有待回答，其中最重要的是：有没有构成梦的动机，且在怎样的状况下以怎样的方法使梦思（通常是很有知觉的)变成梦(通常是没有知觉的),等等。我在《梦的解析》(*The Interpretation of Dreams*, 1900, *Vienna*)里曾试图解答这些问题,而本书篇幅有限,我只好把我的研究作最为简短的摘要性的叙述。

当我们审视由梦境分析显示出的潜伏梦思时,会发现在众多梦思中有一项是与其他不同的,大多数梦思都是做梦者了解熟悉的,是日常生活中的残渣(精神分析中我们称之为"日常的残渣"[day's residues]),但那一项与众不同的梦思则是一种愿望式的冲动,这种愿望式的冲动通常是令人憎恶的,因为它与做梦者的日常生活完全没有关联,所以会让做梦者惊讶或者气愤地否认。实际上这种独特的冲动才是梦的真正主体,由它提供梦产生时需要的能量,并且把日常的残渣作为材料加以应用。这样产生出的梦就代表着这种冲动获得满足时的状况。或者说,梦是这种冲动蕴涵的愿望实现的状态。当然如果缺少睡眠状态的某种特质,也不会发生上述过程。睡眠的先决条件就是自我专注在睡眠的想法上面,把心理能量(psychical energy)从所有生活兴趣中间撤出,这样一来,所有想活动的通路都在同一时间被切断,省下了自我用以维持抑制作用的能量消耗。潜意识的冲动就利用了夜间抑制作用松弛的期间,以梦的形式进入意识中。但要注意的是,自我的抑制抗力在睡眠中只是稍微减轻并不是完全消失,其中有一部分是以梦的稽查(censorship of dreams)形式出现,用以制止潜意识的冲动去按照其原来的状态表达出来。由于这种稽查很严格,潜伏的梦思被迫接受改装或者软化来使梦被禁止的意思隐藏起来。这就是梦的歪曲(dream distortion),是梦最明显的一个特征。由此我们可以说梦是“被压抑”愿望的“改装的”实现（A dream is the “disguised” fulfillment of a “repressed” wish.）。至此我们知道，梦的出现类似于一种神经质病症，它们都是某种被抑制的冲动和自我稽查抗力之间的妥协。因为它们有着相似的起源，所以它们同样不容易被了解，也同样需要加以解释。

我们很容易看出梦的一般作用，它以一种镇静安抚的方法去抵挡或者避免睡眠受到外界刺激而苏醒，以保证睡眠的完整性。外来的刺激经过一种新的解释进而被编织到了一种无害的状态里，这才得以相安无事；至于因本能压力而引起的内在刺激则不受任何管束，任其来去自如，使它能够在梦的形成中获得满足，前提是只要潜伏

马尔斯菲尔德花园20号内景，1938年

的梦思能够通过稽查的限制。但是一旦内在刺激存在破坏自由的威胁时，或者说梦的意思过于露骨时，睡眠中的人就会发生梦的短路（short cut）从而惊醒（我们把这一类型的梦称为焦虑性的梦［anxiety dreams］）。同样的，当外来刺激强烈得无法抵挡时，梦的这个一般作用也无法发挥出来（我们把这一类型的梦叫做激发性的梦［arousal-dreams］）。我把综合的稽查力量和潜伏的梦思转化为梦的过程称为梦的形成（dream-work）。这个过程包含一个特殊的程序，即把前意识的材料进行加工，对其进行浓缩（condensed），并使其强调的重点转移（displaced），把这整套程序翻译成可视的印象，就是戏剧化（dramatized），而以伪装后的二次修订品（secondary elaboration）填塞到中间而形成。梦的形成过程绝佳地证明了发生于内心深处或潜意识中存在的思想程序，这种思想程序与一般所熟知的正常的思想程序截然不同。此外，梦的形成过程也揭示出许多古语的特征，比如象征（symbolism，根据性来说的）一词的使用，这个词在此后的其他程序中也可以偶尔见到。

上文已经谈到能够引起梦的潜意识冲动与人们日常生活的残渣有关联，所以他们对于清醒时的一些生活兴趣并没有结束，这些未结束的东西为梦的构建提供了双重价值。一方面，梦的分析可以显示其中某一被压制的愿望的实现；另一方面，梦又是昨天以前的前意识活动的延续，这些延续可以包含各种各样的主题，并以梦的形式表达一种决心、警告、反省，抑或表达一种愿望的实现。对梦作精神分析的时候需要两头兼顾，一边熟悉病人的意识情况，一边可以看透病人的潜意识活动。此外，因为梦可以深入到童年时代那些早已经被病人遗忘的资料，所以精神分析在这方面也大有裨益，它借助于梦的解析，帮助人们拾回大部分在婴儿期遗忘的记忆素材。从这点看，梦已经做到催眠术所能做到的一部分了。经常有人说我认为梦的解析显示出所有的梦都有性的内涵，或者是从性的动机发展而来的，其实我从没有这么认为过，我们可以很容易地看到，所有的饥饿、渴、排泄等等的需要都可以像任何一种被抑制的性或者欲的冲动一样造成其愿望实现的梦来。至于我这一整套梦的理论是否成立，可以通过小孩的梦做一个简单的实验。因为对幼儿的各种精神心理系统还没有作出严格的划分，其抑制作用也还未成熟，所以我们经常见到小孩子的梦都是赤裸裸的冲动满足，这些冲动正是清醒时遗留下来的。受到某些不可避免的需要的影响，成年人也可能会产生这种婴儿型的梦[①]。

就像把精神分析用于对梦的解析一样，我们对一般人日常犯的许多口误或者错误（它们被称为症状性的活动［symptomatic actions］）加以研究，也可以得到许多收获。我在这方面下过一番工夫，曾写出一系列的论文，并于1904年出版了这套论文的单行本，书名叫做“日常生活的精神病理学”（*The Psychopathology of Everyday Life*）。这部著作流传甚广，我曾在其中提出这些现象都不是偶然发

① 1935年注：在我们考虑梦的功能无法发挥的概率时，我们很容易就会认为实现愿望的企图就是梦的特征。亚里士多德给梦下过一个定义：“梦是沉睡时的心智活动。”这一说法至今仍被视为颠扑不破的真理，这正是我不用“梦”做书名的原因。

生的，不能只用生理学去解释，它们都有其各自的含义，都可以被解释，因此可以顺理成章地推断出它们是某些受到抑制的冲动或者意图的表征。不过梦的解析以及上述这些研究的重要性并不在于它们对精神分析工作的帮助，而在于它们的另外一项特质。精神分析最初只被用来解决变异现象，并且为了解释这些现象，精神分析通常会在开始之前作一些假设，这些假设涉及广泛而且与实际材料的重要性完全不成比例；在精神分析借助于梦的时候，它就在处理变异现象的同时处理一些任何正常人都有的正常心智活动的现象。若结果显示梦和其他症状一样在解析前也需要那些假设，比如冲动的抑制、替代品的形成、妥协的形成，或者把意识和潜意识划分为若干心理系统等等，那么精神分析学将脱离精神病理学而成为一门崭新的、有关思想的深层次科学，并成为了解正常与非正常心理状态所必需的科学基础，如果它的假设或新的发现可以运用到其他心智活动中，那么精神分析学便会影响深远，成为世人瞩目的学说。

精神分析的历史演进

写到这里，对于精神分析学是如何发展的内在因素的叙述已经占用了相当部分的篇幅，我现在必须谈谈它的外在演变过程了。我在前面讲的大部分与我本身的工作成果有着密不可分的关系，不过当中也夹杂了不少后来的资料，对于这其中哪些是我的成果，哪些又是我的同事或者学生的贡献，我并没有特别留意。

在与布罗伊尔分手之后，差不多有十年之久，我没有一位同事，没有人追随我的事业，这个时期的我完全在孤军奋战。在维也纳大家都避着我，在国外也没有人关注我，我那本于1900年出版的《梦的解析》也遭遇同样的命运，几乎没有在学术刊物上刊登过。我曾在论文《论精神分析运动的历史演进》中谈到过维也纳精神病学界的态度，并且举了一段谈话作为例证。说话的人是在一家诊所就职的某助理，此人从未读过那本《梦的解析》，却能写出整整一本书来反对我的学说。我曾向他表示过，在诊所就职并不值得他这样，此人却因为这个论题成为教授。他不仅否认在我报告中的那段谈话，还怀疑我记忆的准确性。我只能说，我可以对当时所举证的每一个字负责。

当我意识我必然会遭遇反对和质疑的时候，我就不再那么敏感了。而且这个时候我渐渐地不再孤立。开始时，有一大群学生到维也纳来追随我，1906 年之后我得到一个消息称，苏黎世（Zurich）地方的精神病学家布洛伊勒（E. Bleuler）、他的助手荣格（C. G. Jung）以及另外一些人正对我的精神分析学抱有极大的兴趣，不久以后我们就进入了彼此的生活圈子。在 1908 年的复活节，这些科学界的友人们在萨尔茨堡（Salzburg）举行了一次会议，除了商定在未来定期举办类似的非正式会议之外，还准备出版一本杂志，由荣格负责主编，定名为《精神病理学与精神分析学研究年鉴》(*Jahrbuch fur Psychopathologische und Psychoanalytische Forschungen*)。这本杂志在布洛伊勒和我的指导下顺利出版，直到世界大战时才停刊。与此同时，精神分析学在整个德国流行起来，就连瑞士的精神病学家也参与其中，精神分析成了许多文章讨论的主题，在学术会议中也引起了热烈讨论。但是在任何地方，精神分析都没有受到友好的对待，有时甚至连善意的不置可否都没有。在德国，科学家们在对它进行一知半解的短暂了解后，就联合起来再次拒绝了它。

直到今天我也不能预见到后辈们最终会如何评断精神分析在精神病学和一般心理学中的价值。但我猜想，当我们都被写进历史的时候，德国的科学界不会以他们这段历史为荣。我这样猜想并不是因为他们拒绝心理分析或者他们所持有的坚定态度，这些都是很容易理解的，他们只需要等待就可以让时间来证实，无论如何，他们并没有诋毁对手的分析报告。我那么猜想是基于他们表现出的狂妄自大、对逻辑学泯灭人性的轻蔑，以及粗俗、低俗，甚至毫无道理的攻击。十五年过去了，我心头的这些感触依然汹涌澎湃，这未免显得过于孩子气了，但要不是我有很多事情要补充，我也不会重提此事。那件事过去了几年之后就是世界大战，敌方曾经控告德军的野蛮行为，他们的控诉内容几乎与我前面对他们的控诉一模一样。这件事深深地伤害了我，而我的经验告诉我不要对此加以反驳。

我的一个对手吹嘘只要他一提到有关性的问题就可以使他的病人安静下来，而且他确信拥有这项技术足以使他有资格评判性因素在神经质病中的地位。撇开情绪的抗力，精神分析可以相当简单地将其解释清楚，这不可能误导他们，在我看来未达成共识的重点在于我的对手们把精神分析学当成了我个人的纯理论性的幻想，而不愿意相信我在建立精神分析学时所付出的那些漫长、坚忍、精细的工作和努力。因为他们认为分析与观察或经验都没有关系，所以他们相信没有经验照样可以分析。换个方式说，不彻底相信我的学说的这些人总是没经过仔细研究就用经典手法提出反对，以借此避免发生他们不想看到的事。值得注意的是，事实上，当人们被迫对一些新的学科下定义的时候，他们的表现简直不可思议。多年来，我听到过许多比较“温和”的批评，即使到今天还有人这么说，大意是说精神分析在某些时候还不错，但有时候犯了毫无根据地夸大和以偏概全的错误。每次我听到这样的批评时都很清楚，这个批评的人在几天或者几星期之前还对这个学科一无所知，所以能提出这样的批评已经很不容易了。

精神分析学在被官方正式驱逐后，分析学家们变得比以往更加团结了。1910 年在纽伦堡举行的第二次会议上，在费伦奇的提议下，分析学家们组织了“国际精神分析学会”（International Psycho-Analytical Association），由一个会长领导，下设若干地方分会。历经整个世界大战直到今天，这个学会依然存在，现设有奥地利、德国、匈牙利、瑞士、荷兰、俄罗斯、印度分会，美国有两个分会。当时我安排荣格担任第一任会长，后来我才知道这是一个巨大的错误，当然这是后话。当时，精神分析学的第二种杂志专刊《精神分析学中央学刊》（*Zentralblatt fur Psychoanalysis*）的发行工作由阿德勒（Adler）和斯特凯尔（Stekel）两人负责，此后不久，发行了第三种杂志《成像》（*Imago*），由两名非医师出身的分析学家萨克斯（H. Sachs）和兰克出版发行，这本杂志是要将分析方法运用到心智科学上去。随后，布洛伊勒发表了一篇捍卫精神分析的文章[①]，在一片众说纷纭的争论中能看到这样诚恳且坦率的观点让我感到很欣慰。但我对布洛伊勒的文

① 即《弗洛伊德的精神分析学》[*Die Psychoanalyse Freuds'*]，于 1910 年发表于《精神分析学中央学刊》第二卷

章有一点不十分满意，他过分追求公平无私的状态，而且似乎认定我们这门科学具有一种极有价值的双重性（ambivalance）。他后来陆续发表的论文都对精神分析学的理论构建持严厉批评的态度，还对其中重要的部分提出质疑。我不禁惊讶地问自己，还剩下什么是他赞赏的。事实上，他后来不但为“深层心理学”（depth psychology）奋力辩护，而且还以此为基础完成了对“精神分裂症”（schizophrenia）的综合性研究。布洛伊勒加入国际精神分析学会的时间并不长，因为与荣格之间的误会使他退出了学会，此后波哥里这所苏黎世公立精神病院不再受精神分析学的影响。

虽然精神分析学受到官方的排斥，但并不影响它在德国和其他国家的传播。我在别的地方[①]曾经把精神分析学各个阶段的发展及其代表人物详细介绍过，在这里我就不再重复了。1909 年，位于美国马萨诸塞州沃斯特城的克拉克大学校长霍尔（G. Stanley Hall）邀请我和荣格去参加该校二十周年校庆活动，并邀请我发表为期一周的专题演讲（用德语进行演讲）。霍尔是一位受人敬仰的心理学家和教育学家，几年前他就把精神分析学介绍到了他的课程中。他的作风酷似摄政王，先是兴致高昂地扶起一个权威，之后又把他废除。在那里我们还遇到了哈佛的精神分析学专家帕特南（James J. Putnam），他虽然上了年纪，但仍然全力支持精神分析学，以他令世人敬仰的人格魅力竭尽全力地宣扬精神分析的文明价值，并且阐释了精神分析的目标的纯洁性。

---

① 指《论精神分析运动的历史演进》。

他是一位值得尊敬的人，但可能是他研究强迫性神经病（obsessional neurosis）的缘故，他有很强烈的伦理偏见，我对他唯一感到遗憾的就是他有一种倾向，把神经分析学归属到某个特定哲学系统中，这会让精神分析沦为道德的奴役。那段时间里还发生了一件令我永生难忘的事情，那就是我见到了哲学家威廉·詹姆斯（William James）。最令我难忘的是我和他一道散步时发生的一件小事：我们正走着，他突然停了下来，然后把他带着的提包交给我，要我继续往前走，告诉我他的心绞痛正在发作，等疼痛过去就来追我。一年之后，他死于这种疾病。我总是希望能像他那样，在死亡逼近时能够坦然面对。

那时我才五十三岁，我觉得自己还年轻力壮，加上到新大陆的一次短暂的访问更加鼓舞了我各方面的自信。在欧洲的时候，我感觉处处受人轻视，但在那里，我发现连那些最出色的人物也不敢对我怠慢。我在沃斯特的讲坛发表我的《精神分析五讲》（*Five Lectures upon Psychoanalysis*）的演讲时，那种感觉就像不可能实现的白日梦成为现实一样，这标

弗洛伊德夫妇，1939 年

志着精神分析已经不再是一种幻想的产物，它已经成为现实世界中一个极有价值的部分。在我们访问美国之后，精神分析学在美国的地位不但没有被动摇，反而在普通大众中间大为流行，并且被大量的权威精神病学家认定为医学训练教育中很重要的部分。但不幸的是，它也遭到了各种挫折，比如歪曲，最要命的是遭到了很多与精神分析毫不相干的诽谤，而对其理论和技巧进行透彻训练的机会少之又少。在美国还有一个幼稚的行为学派（behaviorism），他们宣称已经与整个心理学的问题脱离，这又与精神分析学说相对立。在 1911 年到 1913 年之间，欧洲的精神分析学派发生了两次分裂运动，这两次运动是在这个学科发展时期的领军人物阿德勒和荣格的领导下进行的。这两次运动都可谓声势浩大，而且短时间内就拥有了大量的追随者，但吸引追随者的并不是他们自身，而是他们提出的带有诱惑性的命题，他们说可以在不排斥精神分析的实际内涵的前提下，把一些令人觉得反感的部分去掉。荣格想给精神分析的事实作一个新的解释，这个解释要抽象、不涉及具体人物而且是非历时性的，他希望借此降低婴儿性征、俄狄浦斯情结和童年印象的重要性。阿德勒完全否认性的重要性，把人类对于权力的欲望和一种弥补自身体质缺陷的必要看做是人格和神经质病症形成的原因，而把之前精神分析学中的心理学上的发现完全摒弃。在他摒弃的同时，他又假借别的名义，把已经摒弃的东西强行放进他设想的严密的系统中。比如说，他的《男性的抗议》（*Masculine protest*）这本书就借助了带有性色彩的压抑作用。这两种歪理邪说所受到的诸如上述的批评还是很少的，不过我必须坚持一点，那就是阿德勒和荣格应该停止把他们的理论冠以精神分析的名头。十年过后，现在看来可以说这两种反对精神分析的企图已经失败，他们丝毫没有影响精神分析学。

如果说一个社团是基于对某些重要问题的共同看法而形成的，那么显然，放弃了那个共同看法的人就不应该再从属于这个社团了。这本是一个简单的问题，但我原先的学生与我的理论发生分裂这件事却时常被人们拿来指责我，认为这种分裂证明了我是一个让人无法忍受的人，还有人说那两次分裂使我的理论受到了致命的打击。我想我下面所列举的足以澄清这一点：比如与追随荣格、阿德勒、史德凯的极少数人相比，还有更多的人站在我身边，比如亚伯拉罕（Abraham）、艾丁顿（Eitington）、费伦奇、兰克、琼斯、布利尔（Brill）、萨克斯、普菲斯特（Pfister）、范埃姆登（Van Emden）、雷克（Reik），等等，这些人都忠诚地追随我达十五年之久，而且他们中的大部分都和我私交甚好。上述人物只是我的学生中比较进步的，而且在精神分析领域威望极高，如果要列出其他人，简直是不胜枚举。另外还有年轻一代的我的追随者们，他们的才华还有待发掘，将来也许能够寄予厚望。总之，我想替我自己说几句话，那就是一个狂妄自大、刚愎自用的难以相处的人是绝对不可能受到这么多聪明人的爱戴的，尤其是我又是一个很少对别人有实际好处的人。

世界大战虽然使很多社团组织遭到灭顶之灾，但一点也没有影响到我们的国际精神分析学会。1920 年，战后第一次集会在中立国家荷兰的海牙举行，东道主们对来自中欧各国的饥饿和贫困的代表们的殷勤接待使我们非常感动。我相信英、德两国人会从战后的废墟中走出来并且围桌而坐，友善地讨论科学上的共同兴趣，这一定是战后第一次的盛举。那个时候，不仅仅是德国，在西欧的各个国家中也因为战争的原因激起了大家对精神分析学的兴趣。通过对战场神经质病的观察使医学界看到了精神质病中心理因素的重要性，也让他们认清了我们的一些心理学观念，例如“生病的好处”(advantage of being ill)和“逃到病里去”（fligh into illness）等说法瞬间流行起来。在德国全面崩溃之前，我们于 1918 年在匈牙利的首都布达佩斯召开了最后一次集会。那时中欧同盟国曾派出官方代表参加会议，这些代表们赞同设立一些精神分析站点以治疗战场神经质病的提议，但这一目标一直没能实现。同样不幸的是，我们的主要会员之一安东・冯・佛伦德（Anton von Freund）博士设计了一套周密的计划，打算在布达佩斯设立一个精神分析研究与治疗中心，但终因政局混乱和该计划的主持人英年早逝而未能实施。直到 1920 年艾丁顿在柏林开设了一所精神分析诊所后，才部分实现了当时安东・冯・佛伦德博士的设想。此外，匈牙利在布尔什维克领导下的那段时间里，费伦奇竟然也能够以官方指派驻布达佩斯大学精神分析专家的身份成功地指导该课程。大战结束后，某些反对我们的人高调宣称已有明显事实证明我们的理论是错误的，那就是战场神经质病已经证明性因素并不是其致病因素，即他们的理论取得胜利。其实他们所谓的胜利并没有依据，也宣布得太早了，因为一方面还没有人对这些病人作深入的分析，所以事实上对该病症的成因还没有定论，自然也不能获得结论；另一方面，精神分析学早就提出了“自恋”（narcissism）及自恋神经质病的观点：认定一个人的性欲是指向自身，而不是指向其他对象。这就可以解释战场神经质病的现象了。虽然精神分析学因为这件事被指责过分渲染性的观念，但为了便于讨论，人们也渐渐淡忘了这个罪名，我们又再一次回到了这个词最狭义的定义里。

如果把涤清法算作预备期而不谈的话，那么在我看来精神分析发展的历史可以分为两个时期。在第一个时期，也就是 1895、1896 年左右到 1906、1907 年间，我一个人孤军奋战，什么事情都是亲力亲为。第二个时期是从第一个时期结束直到现在，在这个时期中，我的学生和同事们的贡献越发重要起来，所以时至今日，每当重病提醒我时日无多的时候，我还能够镇定地考虑停止我的工作。也因为这个原因，在这本自传中我不可能像描述我孤军奋斗的第一阶段一样来叙述整个第二阶段的经过，把整个精神分析的发展和盘托出。我觉得我只能讲述一些在我的发现中占重要地位的内容，所以下面将要叙述自恋的种种、本能的理论以及精神分析在精神病上的应用。

首先我必须补充一点，由于经验的积累，俄狄浦斯情结作为神经质病的核心已经愈发显而易见了，因为俄狄浦斯情结首先是婴儿性生活极致的体现，继而又成为其后一切发展的转折点。但果真如此的话，我们将不可能再期望精神分析能发现神经质病的特殊致病因素了，就像荣格还是分析学家的时候说的，神经质病并没有特别独有的内涵，不过是患有该病的人不能像正常人那样成功地克服自身所遇到的困难罢了。这个见解完全不会令人泄气，因为它和另外一个见解完全不谋而合，即精神分析所显示的潜在心理学实际上就是正常心灵的心理学。所以说，我们所经历的路线与化学的发展过程比较类似：物质间在性质上的巨大差异可以追溯到其各个组成分子比例的量的差异上。

在俄狄浦斯情结里，性欲的对象是父母的形象，在这之前的一段时间里这些具体对象是不存在的，由于这个事实进而产生了一个对性欲学说来讲非常重要的观念：性欲对象先是自我本身，然后才是其他对象，这样的状态我们称为自恋。略微思考一下我们就能知道这种状态在人的一生中从未完全中止过。自我一直是性欲的大本营，从中产生出与对象之间的感情，而性欲又可以从对象身上回流到自我，所以自恋的性欲总是能够转化成对别的对象的性欲，反之亦然。关于这两者之间的转化能够维持多久，能说明其最好的例子就是涉及自我牺牲的性或者升华了的爱。到目前为止，我们在考虑抑制过程的时候都只注意到了受抑制的对象，所以上述观念使得我们可以正确地估量抑制的力量。一直以来大家都以为抑制作用是产生于自我本能（ego-instinct）的自卫本能，这是一种强加给性欲本能的作用。不过现在我们知道，自卫的本能也同样具有性欲本能的性质，这是一种自恋性的性欲，所以抑制作用显然应该是发生在性欲本身内部的一种作用现象，例如自恋性的性欲与他恋性的性欲（objectlibido）相对立，自卫的本能与他恋性的本能也相对立，或者说与狭义的性的要求相对立。

在心理学领域里，最重要和急切的事情莫过于建立一套关乎本能的基本原理，以此把心理学发展得更为壮大，可惜一直没有人为此努力过，于是精神分析学因势利导，向这个方向作了实验性质的努力。

这项努力的起点是把自我本能（自卫的本能，比如饥饿，等等）与性本能（libidinal instincts，也称爱）加以对比，后来则以自恋与他恋的新对比作为研究对象，当然这不是最后的结论，从生物学的观点看，我们绝不可能永远满足于这种认定只有一类本能的假设。

在我之后几年的著作中，如《享乐主义之外》（*Beyond the Pleasure Principle*）、《群体心理学与自我之分析》（*Group Psychology and the Analysis of the Ego*）、《自我与本我》（*The Ego and the Id*），等等，我任由我那种由来已久的思维方式任意驰骋，并且对本能问题的解决办法作了一番整理，我把个人的自卫本能和种族保存的本能结合起来，统称为厄洛斯[①]观念（Concept of Eros），并以此与一直默默进行着的死亡或者毁灭的本能进行了对比。一般来说，本能被认为是一种生物的弹性机制，是一种长期保存着的免受外来阻力破坏的意象或者冲动。本能的这种基本而又重要的保存力特征因为“强迫性重复”（compulsion to repeat）现象而更加明显，生命所呈现给我们的景象正是厄洛斯本能和死灭本能之间相互结合又排斥的作用的结果。

这种理论的建立是否可行还有待时间的考验，虽然我为了把精神分析中最为重要的理论概念确定下来而建立了这套理论体系，但这套体系形成之后我却觉得它远远脱离于精神分析之外。我曾经一再听到别人对这套理论的轻蔑评价，他们认为要使人们用严肃的态度去看待那些主要观点模糊的科学简直是不可能的事情，比如精神分析中本能

① 厄洛斯：即丘比特，是希腊神话中的爱神。

和性欲说之类的。不过这种谴责实际上是对整个事实的误解而发生的，因为清晰的基本而又重要的概念及其严格的界定只能在心智科学为事实加上逻辑系统作为主要支撑时才能存在，在自然科学的领域中，心理学不必要也不可能有这样斩钉截铁的一般性概念，动物学和植物学并没有一开始就为动物和植物下一个正确而又适当的定义，而直到今天生物学也一直未能给生命这一概念提出任何特定意义的定义。物理学如果非要等到它的物质、力、重力等概念达到人们所期望的那样清晰和正确的程度的话，那么这一学科绝不会有任何的进展。总之，在任何一门科学的领域里面，它的基本概念以及具有代表性的观念在开始的时候都是没有定论的，而要借助显示基本概念的现象来解释一切就只能等到把观察所得的材料一次又一次地分析之后，人们才能把一切弄清楚并且找出亘古不变的意义来。因此我总是觉得人们持有一个偏见，总是不肯把精神分析学和一般的科学同等对待，这种态度在我们所遇到过的顽强的反抗中尤为明显。大家都很清楚，基于观察的科学除了一点一点努力地去解决问题之外没有别的途径。但是精神分析学所遭受的最大非议仍然是它的不完备性。除此以外，每当我试图让大家全面认识那被摒弃已久的性功能观念的时候，大家就把“泛性论”（pansexualism）的帽子扣在精神分析理论的头上；而当我强调大家忽略已久的童年印象的重要性时，就会有人认为精神分析学完全否定了体质和遗传等因素——这是我做梦也想不到的。这完全是一种不惜任何代价的任意抹杀。

其实在我工作的早期，我也企图从精神分析的观察入手来获得一些更具代表性的理论。在 1911 年我发表的那篇短文《心理机能两原则之剖析》(“Formulations Regarding the Two Principles of Mental Functioning”)中,我注意到了心智生活中苦乐主义(Pleasure-pain principle)的重要性，以及取代它的“现实主义原则”(reality principle)。在后来的 1915 年到 1917 年中，我又开始尝试建立“超心理学”(metapsychology)，这是一种使用三个坐标加以衡量并从而寻求解决问题的方法，所谓三个坐标，即动态的(dynamic)、部位的(topographical)和经济的(economic)坐标。这种方法在我看来无疑已经代表了心理学所能达到的更高远的目标，但这个尝试在今天已经支离破碎了，因为我再写了几篇论文之后，比如《论抑

弗洛伊德在伦敦，1938 年 6 月 6 日

制作用》(“Repression”)、《本能及其演变》(“Instincts and their Vicissitudes”)、《论潜意识》(“The Unconscious”)、《悲伤与忧郁症》(“Mourning and Melancholia”)等，我觉得作出像这样的理论上的预言恐怕言之尚早，所以就中断了这方面的尝试。这样的做法也许算是明智吧。在纯理论的工作上，我最近已经开始以病态事实的分析作为基础进而分析人类思想建立的解释与分析，现阶段我已经把它分为“自我”“本我”与“超我”三个部分，并且认定超我继承了俄狄浦斯情结并且代表了人类的道德标准。

我希望读者朋友们不要以为我在后期放弃了对人的观察，而把整个心力投入到了纯理论的冥想里面，事实正好相反，我无时无刻不与那些分析素材保持最密切的联系，并且从未在临床或者技术上的重要细节上掉以轻心过，即便在我脱离观察的时候也会很小心地避免与哲学发生接触，恰好我天生就不适合搞哲学，所以可以轻而易举地避免与其发生关系。即使如此我还是对费希纳（G. T. Fechner）的观点极为赞同，所以在许多重要的观点上我也是他的追随者。关于精神分析学与叔本华的哲学有许多相同之处，比如他不但强调情绪的影响力和性因素的重要性，还对抑制作用的机制也了解颇深，这完全不是因为我熟知叔本华的哲学，因为我很晚才读到他的作品。另一个人就是哲学家尼采，他的主观猜测和直觉却和精神分析学上许多千锤百炼的发现完全相同，正因为如此我在很长一段时间内一直避免提到他。我认为只要问心无愧就不用太在意那些观念是由谁首先提出的。

神经质病算得上是精神分析遇到的第一个论题，而且在相当长一段时间里，它是精神分析的唯一论题。没有任何一个精神分析学家会怀疑这个指责：把神经质病从精神错乱症中间划分出来使之归属于神经系统的机体性疾病，简直是医学上的一大谬误。神经质病的理论不仅是精神病学（psychiatry）的一部分，而且还是其不可或缺的导论。虽然从表面上看对精神错乱症的分析研究因为没有明确的治疗效果而显得不切实际，而且大部分患有精神疾病的人通常并不具备正向转移的能力，所以精神分析法的主要手段无法运用到其身上，即使如此，我们还是有许多解决问题的方法可以探讨，况且转移作用通常不会完全不存在，我们还是可以加以一定程度的利用。此外精神分析对于某些病症的治疗，比如周期性忧郁症（cyclical depressions）、轻度缓和的癫狂症（light paranoic modifications）以及半精神分裂症（partial schizophrenia）都已经获得了成功。至少精神分析对于医学来讲绝对是有好处的，比如说有些病例的诊断可能会介于神经衰弱和早发性痴呆症之间很长时间，而尝试用精神分析的方法为这些病人治疗则可以在短暂的发病时间之内就获得极有价值的发现。有一点要注意的是，很多在神经质病里需要费力地从深处发掘出来的东西在精神错乱症里面却是浮在表面上任谁都可以看到的，所以精神病院是最能够有力证明精神分析学的主张的地方，因此，精神分析最终要用到精神病院的观察当中去。早在 1896 年的时候，我就已经能够在癫狂性痴呆症病人身上找到与神经质病的致病因素相同的情绪状态；荣格也曾经把精神错乱症中最难以解释的反复行为通过病人的生活史进行合理的解释；布洛伊勒证明在各种精神错乱症中存在着一种分析法在神经质病中发现的机制。从这时候开始，精神分析学就开始了对精神错乱症的不懈研究，尤其是自恋观念得到应用以后，他们更是全方位地钻研，以求获得些许成就，这中间最耀眼的无疑是亚伯拉罕对忧郁症的解释。在这个领域内我们所有的知识确实尚不足以构成具有治疗效果的力量，但是只看理论上的成就就已经不容小觑，而我们也因为看到其临床应用而感到满足，我深信，即使是普通的精神病学家也会在未来的某一天被他们的临床素材具有的那种不可抗拒的说服力所折服。现今，用精神分析的观点来看，德国的精神病学正在历经着一种“和平的渗透”，虽然他们反复声明他们不是精神分析学家而且永远也不会是，他们不属于正统的学派也不属于被夸大的分支，他们尤其强调他们不相信性因素的重要性，但实际上年轻一代的精神病学家们已经传承了一条条的精神分析原理，通过他们自己的方式应用到病人身上，这些迹象毫无疑问指明了进一步的发展方向。

游刃于医学之外

现在我要站得远远的，看看精神分析学被引介到法国后所引起的症状和反应。因为一直以来，法国对此就毫无兴趣。在我看来，那些反应就像我曾经亲身经历过的情景的再现，不过它有自己特殊的方面，那些反对的理由极其简单，好像敏感的法国人受不了精神分析学的专有名词，认为这些名词会冒犯他们。他们认为心理分析是迂腐的，而且术语也很粗糙[①]。另外还有一些批评就相对严厉（巴黎大学的一位心

① 这不禁让我想起了莱辛（Lessing）不朽的《希瓦利埃·里科尔·德·拉·马蒂尼埃》（*Chevalier Riccaut de la Martinière*），该书描写了一个幸运而且诙谐幽默的士兵，他玩牌时那种纯熟的手法被指责为欺骗，他震惊地说道："德国人把这种手法称为欺骗吗？欺骗！哼，多么可怜的字眼，德语竟然是这么粗俗不堪的语言！"。

理学教授认为那种批评的严厉不亚于他自己的）：整个精神分析学的思想方法都与拉丁精神相悖。在这一点上，一贯支持精神分析法并且与法国同盟的盎格鲁—撒克逊并不同意这种批评。任何一个听说过上述评论的人也许会觉得精神分析学是条顿精神的宝贝儿子，并且从出生那天起就一直被精心地呵护着。

起先是法国的文人们对精神分析学感兴趣，原因是当《梦的解析》一书问世之后，精神分析就不再纯粹地属于医学范畴了。在精神分析学出现在德国和法国的这段时期，关于它的应用的历史简直汗牛充栋，有许多把精神分析运用到文学、美学、宗教史、史前史、神话、民俗学乃至教育学中去的例子。在这些学科里面没有一样与医学有大的关联，实际上这些学科只是因为精神分析学才与医学扯上一点关系，所以我不打算在本书中加以详细的讨论和一一罗列，但我也不能完全不提以保持缄默，因为一方面这些都是在了解和欣赏精神分析的本质和价值后必然会出现的，另一方面我现在所写的毕竟是我一生中最重要的大事。这些医学之外的运用主要是从我的著作开始的，因为我不时会写一些这方面的东西出来，它们会满足我医学之外的兴趣，随后别人（不仅是医生，其他各个学科的专家也会如此）会沿着我的路线跟进，并且深入到不同的论题当中。因本书篇幅有限，我无法更加详细地描述我在运用精神分析于医学之外的领域中到底扮演了什么角色，我只能为其范围和重要性勾画一个不太恰当的轮廓出来。

我从俄狄浦斯情结中得到了不少启示，它的普遍性使我慢慢领悟到诗人之所以开发出这样一个可怕的题材，表面上看起来令人大惑不解，但其实它压倒性的戏剧治疗效果和悲剧命运的一般性质已经造成了重大的影响。但如果我们认清了心灵活动的规律在这里有其情绪意义存在，那么上述疑惑就会顿时消失，变得豁然开朗了。命运和所谓神的旨意只不过是内心需求的具体化而已，当男主角在不知不觉中犯了罪，虽然并非出于本意，但这正是他潜意识里有犯罪趋向本质的直接表现。知道了这个命运的悲剧之后只要再进一步就可以理解《哈姆雷特》这出已经被人们欣赏了三百年之久却从未知道其真正含义和作者动机的名剧了。诗人笔下这个带有神经质的人物就像现实世界中其他与之相同的人那样毁在了俄狄浦斯情结之下，很难说这是一种巧合，因为哈姆雷特所面临的正是由于两项涉及俄狄浦斯情结的行为而向另一个人寻仇，就在千钧一发之际，他的手却因为冥冥中的罪恶感突然瘫痪了。《哈姆雷特》是在莎士比亚的父亲死后不久[①]开始创作的，对此悲剧加以分析的计划在我提出之后不久就由琼斯完成了。而同样的例子是，兰克对戏剧家们的选取材料所进行的深入研究。在他那本以乱伦为主题的巨著[②]中，他发现富有想象力的作家们经常把俄狄浦斯情结作为主题，并且可以追溯到世界文学中的不同派系，他还对材料如何被变形、修饰和缓和化进行了说明。

由此发展下去，精神分析似乎有着继续向诗和艺术创作的一般分析方面发展的趋势。显然，文学这个想象的王国实在称得上是个避难所，

① 1935年注：我之所以这么写是有我自己的理由的，本书中不再赘述。

② 即《诗歌与传说中的乱伦研究》（*Das Inzest-Motiv in Dichtung und Sage*），于1912年在维也纳出版。

这个避难所是在人们不得不放弃现实中某些本能的需求而使其自身从享乐主义向现实主义转变的痛苦过程中建立起来的。所以艺术家就如同一个神经质病的患者一样，从一个他不满意的现实世界中退缩出来，钻进他自己想象的世界中去。但艺术家与精神病患者不同的是，艺术家知道那条回去的路，进而能回到现实世界。他们的创作或者说艺术作品，正像梦一样，是潜意识里的愿望获得了假想的满足，但本质上具有的妥协性也和梦一样，因为它们不可避免地要与压抑的力量作正面交锋。但是梦是属于自恋性的、非社交性的产物，这些艺术作品则与梦不同，它们被安排去引起别人的注意，同时还能引发并且满足其自身潜意识的愿望。此外，艺术作品还利用了一种可感知的乐趣，那就是形式美，以此作为一种“红利”（incitement premiun）。精神分析可以做的工作就是寻找艺术家个人生活的影子、他的机遇和经验与他创作的作品之间的关系，从而分析他创作时的思维和动机，或者说找出他和全人类共有的那一部分。举个例子，以达・芬奇（Leonardo da Vinci）作为研究对象时，我对他的研究是从一个关于他的童年时期的故事开始的，主要目的是要解释他那幅《圣母玛利亚与圣婴》（*St. Anne with the Virgin and child*）。从那个研究可以看出，由分析法所得到的发现并不会影响对艺术作品的欣赏和品味，外行人在这方面也许是对分析法的期望过高，因此我们必须承认，分析法对一般人感兴趣的两个问题没有一点帮助：它既不能对该艺术品的本质作更深入的阐释，也不能给艺术家的工作方法或者说艺术手法提出任何注解和说明。

我可以从詹森（W. Jensen）那篇不算太出色的短篇小说《格拉迪瓦》

（*Graduva*）证明编造出来的梦境也可以像真的梦一样被加以分析。这说明，我们所熟知的“造梦机制”（mechanism in the “dream work”）也可以在富有想象力的写作过程中见到。我的《机智与潜意识的关系》（*Wit and its Relation to the Unconscious*）可以说是间接由《梦的解析》产生的姊妹作，那时候，唯一对我的工作感兴趣的朋友曾经对我打趣地说，我对梦的分析和笑话一样让他难忘，为了使这种印象发扬光大，我开始研究笑话。研究的结果使我发现笑话的基本条件就在于它的表达技巧，这些技巧和“造梦”所用的方法大同小异，换句话说就是以相反的、琐碎的等来对本来要表达的意思进行浓缩。之后我又对听笑话所产生的高度快乐的来源进行了经济性的调查，结果显示该来源是维持压抑作用的能量受到别人提供的意外惊喜（premiun of pleasure or fore-pleasure）的吸引从而产生的压抑作用的能量暂时性停顿。

我对自己在宗教心理学方面的贡献评价极高。在1907年我开始了宗教心理学研究，并首先提出了宗教性的活动或仪式与强迫观念的行为有着极其相似的部分的观点。那时我并未对这两者之间深层次的关联有太多了解，但我认为强迫观念型的神经质病（obsessional neurosis）是一种私人宗教的变异，而宗教就是一种大众化的强迫观念型的神经质病。在随后的1912年，因为荣格指出神经质病人和原始人类的思维模式存在明显的相似之处使我大受影响并且开始对这个问题感兴趣。我有四篇收集在《图腾与禁忌》（*Totem and Taboo*）中的论文曾指出，原始社会中乱伦所受惩罚的可怕程度比文明的种族更甚，除此之外他们还建立了专门针对这种情形的对策；我也研究过禁忌律（taboo-prohibitions，道德律的早期形式）和感情矛盾之间的关系；同时我还从原始的宇宙观，或所谓的“灵魂独立论”（animism）中发现了过分重视心理感受的原理，即“万能的思想”（the omnipotence of thoughts）原理，随即知道这个原理是巫术的根源。我把强迫观念型的神经质病全方位地加以比较，发现许多原始精神生活的假说还在没有定论的混乱局面下大行其道。最使我感兴趣的还是图腾制度（totemism），这是原始部落中的第一个组织系统。在这个制度系统里面，社会秩序是与原始的宗教和一些霸道的令人难以接受的禁忌律相互关联的，部落中最受尊敬的生物永远是一种动物，而整个部落也都自称是这个动物的后代。很多证据都显示出一个结论，即每个种族，即便是进化程度最高的种族也都经历过图腾时期。

我在做这方面研究时的主要参考文献是弗雷泽（J. G. Frazer）的名著《图腾、异族通婚与金枝》（*Totemism and Exogamy and The Golden Bough*）。这本书像一座充斥着极有价值的真实经历和事实的宝库，但弗雷泽对图腾问题的阐述并没有给我提供多大帮助，书中他有好几次完全转变自己的想法。其他的史前史学者和人种志学者在这方面的看法也不能达成共识，同样不能肯定。我的着手点是图腾制度的两大禁忌（不杀图腾及不与图腾不同的女人发生性关系）与俄狄浦斯情结的两大元素（杀死父亲和娶母亲）之间的对比，因为原始民族完全把图腾动物视作种族的先父，所以我试着把图腾动物比做父亲。其次是经过精神分析法获得了两个对我有帮助的事实，其一是费伦奇对小孩子的一项观察使得“婴儿返回图腾”（infantile return to totemism）的说法成为可能；其二是分析孩童早期害怕动物的习性后得出孩童所害怕的动物常常代表着他的父亲，这是起源于俄狄浦斯情结对父亲的恐惧所发泄的对象。从上述文字不难看出，杀父是图腾制度精神的中心，也是宗教形成的起点。

我缺少的要素在熟读了史密斯（W. Robertson Smith）的《闪族的宗教》（*The Religion of the Semites*）之后得到了补充。史密斯是一个集唯物论者和《圣经》专家于一身的天才式的人物，他在书中介绍了所谓的图腾节日，认为这是图腾宗教的重要组成部分，书中提到在图腾系统里每年都会举办一次该活动，活动时大家一反对图腾的尊崇常态，当着全族人的面把图腾动物杀掉并且由大家抢食，之后全族人为此悲哀悼念，紧随其后的是一个大型庆典活动。后来我进一步研究了达尔文的想法，得出了下文的猜测，他认为人类原先是共同生活在一个部落里面的，受制于一个强大、粗暴而且嫉妒心强的男人。我从他所提到的这些因素中作出了如下假说，或者我更愿意称之为景象，即原始人类社会的统治者享受着不受任何限制的独裁力量，所以他想把所有的女人都据为己有，但同时又担心他的儿子们成为他的情敌从而威胁到他，所以他对待儿子不是放逐就是杀戮。有一天，他的儿子们联合起来把他也就是他们的偶像当做敌人一样推翻、杀死，甚至吃掉。这个事件发生之后，他们的利益又开始发生冲突，导致的结果是谁也不能继承王位，纷争持续几次后他们受到了失败和懊悔的影响，学会了彼此间的妥协、调和以及团结协作，在图腾的仪式开始之前携手合作，成为了同属一个部落的兄弟。图腾的目的就是防止上述的杀

弗洛伊德和孙子斯特芬·加布里埃尔，1922 年摄于柏林

戮事件再次发生。此外他们一致承诺放弃使他们弑父的女人们，然后他们开始寻找陌生的女人，这就是与图腾制度有着紧密联系的异族通婚的起源。图腾节就是要纪念这个使人类感到罪孽深重（原罪）的可怕的事件，同时也是社会组织的开端以及宗教信仰和伦理的起源。

我们姑且不论这样的事件是否在史实中存在，但是我们可以说它导致了弑父情结内的宗教信仰的产生，并且是根植于弑父情结中最重要的情感矛盾。当图腾动物不再是他的替代物时，曾经的被人们所恐惧、仇视、尊崇而又羡慕的原始父亲就成为神的雏形，儿子对父亲的反抗性、亲情、彼此斗争和无数次的妥协一方面可以弥补弑父的罪行，另一方面又可以确保既得利益不受损失。这种宗教观为基督信仰的心理学基础抛出了一道独特而又清晰的光亮。此外，正如我们知道的，图腾节的庆典活动除了稍有改变之外仍然可以在教会的仪式中见到。在此我必须讲清楚的一点是，上述这些观察并不是我最先提出的，在史密斯和弗雷泽的著作中早有所记载。

狄奥多·雷克和罗海姆（G. Roheim）是两位人类学家，他们在各自一系列重要的论著中采用了我在《图腾与禁忌》中的观点，并且加以引申、强调以及修正。从那个时候开始，我自己不止一次地从“潜意识的罪恶感”的研究以及从联系社会心理学和个人心理学的尝试中再次回到对这方面问题的研究。除此之外，我还用人类进化过程中那些原始部落流传下来的观念来解释人类对于催眠的感受性。

虽然我几乎不把精神分析直接运用于其他事物上，但它还是引起了广泛的兴趣。神经质病患者的幻想与我们在神话或者寓言故事中看到的人们那种富有想象力的创造之间实际上只有一步之遥。神话学是奥图·兰克专门研究的一个领域，其努力分析的成果有对神话的解释、追溯到婴儿时期的潜意识情结和发现了取代灵体一说的人类的动机，等等。许多追随我的人成为研究象征说（symbolism）的学者，象征说为精神分析学树立了很多敌人，许多平庸的研究者们从对梦的分析中认识到象征说时总是不能承认它，认识它之后又都后悔不已。象征说的发现完全与精神分析法无关，因为分析法早已被公认为是另一个思想领域的事情，比如民俗学、民间传说和神话，等等，大家都知道它在上述领域中的地位比在“梦的语言”（language of dreams）中重要得多。

对于把分析法运用于教育学这件事我个人没有半点贡献，但分析法所发现的东西，比如孩童的性生活与心智发展这类问题却自然而然地引起了教育学家们的注意，这使得他们能够以一种全新的视角去衡量他们的问题。苏黎世的一位新教牧师奥斯卡·费斯特曾经作为一个不知疲倦的先驱向着这个方向努力过，虽然他把宗教信仰作为理想，但是他并没有发现精神分析法的使用与宗教有任何冲突的地方。在和他共同努力的人当中我还知道有维也纳的胡格－赫尔穆特（Hug-hellmuth）博士和贝恩菲尔德（Bernfeld）博士。分析法在健全孩童的预防教育和那些虽然没有正式变成神经质但已有稍许偏差的孩子的纠正教育中已经有了显著的效果，这时要想使分析法仅限于医生使用已经不可能了。事实上，如果一位医生空有一张文凭而没有接受过分析法的特别训练，那么他也是一个门外汉；相反，如果一位医学的门外汉接受了适当的训练，再有一位医生做辅导，那么他不但可以对孩童，甚至可以对神经质病的患者进行分析法的治疗。

经过了一个徒劳的挣扎过程，“精神分析学”一词已经演变出两种含义，它的原意是一种特殊治疗法的名称，而今它又被赋予了新的含义，即潜意识心智过程的科学名词。这门科学本身很少能够独立处理整个问题，但它似乎要对许多知识领域提供有价值的贡献。现而今，精神分析应用的范围之广不亚于心理学，它已经成为这个伟大的时代所不可或缺的一门辅助性学科。

回顾我辛劳工作和跌宕起伏的一生，可以说我为许多新事物开了头，也抛弃了别人给我的很多建议，虽然我不知道做的这些工作对今后的影响是大是小，但一定会在未来有所收获。不管怎样，我希望我已经为我们知识的重大发展开辟了一条新的途径。

后记 / 1935 年

我想，这套自传的出版家一定没料到有人在经过一段时间之后会写出续篇来，也许我现在写的就是第一篇续文呢！这篇续文的撰写在美国的出版商希望以新版发行我的这本书时就拟定了。1927 年，美国首次出版了这本《自传》（*An Autobiographical Study*）。但当时考虑不周，竟然把它与我的另一部著作放在一起，并且以那篇论文为名，叫做“非专业分析的问题”（*The Problem of Lay-Analyses*），导致人们忽略了这本书的存在。

这本自传通篇传达着两个问题：一个是我一生的故事，另一个是精神分析学的发展历程。这两者之间的关系密切地交织在一起，自传中明确地指出了精神分析学是怎样成为我一生的全部内容的，还准确地指出了我与这门科学的关系远比我个人的生活经验丰富得多。

在这部自传着笔前的一段时间，我一直认为我那反复发作的癌症会要了我的命，好在 1923 年的一项外科手术挽救了我的生命。手术后我虽然一直为病痛所折磨，但仍可继续我的工作和生活。自那时候起，十几年间，我从未间断我的精神分析工作，也未曾间断过写作，德文版的十二册全集的出版就是最好的证明。不过，我发现自己在逐渐发生转变，那就是原来的兴趣减退了，早年固有的兴趣再度浓厚起来。虽然在过去的十年中我做了很多重要的分析工作，比如我在《抑制、症状与焦虑》（*Hemmung*，*Symptom und Angst*，1926）中对忧虑问题提出了修正，1927 年我对性拜物狂（sexual fetishism）下了简要的注释，等等，但我承认，自从我提出了爱与死这两种本能存在的假说以后，我写的有关于精神分析的文章不是无关紧要，就是有人会紧随其后提出来。而我面对的这种情况和我本身的改变有很大的关系，这种改变称得上是我发育中的一个退化时期。历经了徜徉于医学与心理治疗的一生之后，我的兴趣再度回到了曾经深深吸引我的文化问题上，这些问题在我学会思考之前就已经深深地把我吸引住了。其实在 1912 年，我的精神分析工作达到巅峰的时候就已经尝试着把精神分析所见的最新发现运用到《图腾与禁忌》中去探讨宗教和道德的起源问题；其后，在论文《一个幻觉的未来》（“The Future of one Illusion”，1927）和《文明及其不满》（“Civilization and It’s Discontents”，1930）中把这项工作又向前推进了一步，我更清楚地意识到：人类发展中经历的各种事件、人类各种天性之间的相互作用、文明的发展以及人类原始经验的积累（例如宗教），等等，都只是自我、本我和超我这三者之间的冲突和斗争的反射，或者说是把精神分析对个人的研究搬上了一个更大的舞台而已。在《一个幻觉的未来》一文中，我阐述了对宗教价值的否定观点，之后我又发现了一个更适用于宗教的定理：虽然它的力量的确存在于它包含的真理中，但那所谓的真理只具有历史性，并不具有物质性。

这些研究虽然都以精神分析学为起点，但是却远远地延伸到了精神分析领域之外，而且相比精神分析学，这些研究仿佛更能引起大众的支持。或许是因为这些研究吧，我曾经一度被认为是一个作家，而且是德国这样的发达国家也想见识一下的大作家。在 1929 年，德国人崇敬的犹如代言人一般的文学家托马斯·曼[①]以其友善而又隽永的文字把我列入了现代思潮发展史中。1930 年我的女儿以我的代理人的身份出席了在莱茵河畔法兰克福市政厅（Rathaus at Frankfurt-on-Main）举行的颁奖大会，在那次大会上我获得了歌德奖并且受到市民的热情接待，这成为我作为公民的巅峰时期，但之后不久，纳粹党掌握了德国政权，我就渐渐淡出了人们的视线。

我想这本自传写到这里或许可以结束了，大家不用知道更多关于我个人的事，比如我的奋斗、失望和成功，等等。不论在任何时候，

① Thomas Mann，1875—1955，德国文学家，曾获诺贝尔文学奖，代表作有《魔山》等。

我想我都比一般的为同时代或者为后代描述个人生平事迹的人都更加开诚布公（像《梦的解析》和《日常生活的心理异常》，等等），这种做法并不讨好，而且借由我的经验来讲，我并不推荐有人采取同样的方式为自己作传。

最后我再特别提一下精神分析于近十年中的情况。我想不会再有任何人怀疑精神分析能否继续下去，因为它已经证明了自己屹然不动的地位，同时也证明了它成为知识的一个分支并且能够成为一种治疗方法的能力。支持精神分析的人［组成国际精神分析协会(International Psycho-Analytical Association)］有了大幅度的增加，除了原有的区域性组织之外（维也纳、柏林、布达佩斯、伦敦、荷兰、瑞士及俄国），巴黎、加尔各答也成立了当地的协会，另外在日本还有两个，美国有好几个协会也纷纷成立，最近成立的一个在耶路撒冷，一个在南非，北欧的斯堪的纳维亚也有两个协会相继成立。

这些区域性的协会以自己的基金设立培训研究所，除了提供资助还指导精神分析的技术，同时让有经验的精神分析专家和学生一道主持门诊部，给病人提供一定程度的治疗。国际精神分析协会每隔两年就要召集会员们举行一次学术会议，除了宣读有关的科学论文外还要决定组织上的问题。第十三届学会是在 1934 年的卢塞恩（Lucerne）举行的（这届大会我因为健康状况无缘参加），那次会议的中心议题是以各个会员的兴趣为出发点，把他们的工作向不同的领域发展，有些会员着重于心理学知识的深入分析和研究，有些则注重医学、精神病学同精神分析的联系。从实用的角度看，有些分析学家肩负起了精神分析学的推广工作，甚至使其列入医学课程的使命，还有一些分析学家虽然被排斥在学术界之外，但仍志得意满，他们认为精神分析学在教育学方面的重要性绝不亚于其在医学上的重要性。我们常常会发现，当精神分析学家试图强调某种精神分析现象或者观点的时候，总会牺牲其他方面，但从整体上看，精神分析学留给大家的印象还是比较满意的——它是一项高水准的严肃的科学工作。

附录：弗洛伊德生平大事年表

1856

【弗洛伊德】

5 月 **6** 日生于摩拉维亚州的弗莱堡（现属捷克）。

【欧洲】

英、法、土、俄、普、奥等国缔结《巴黎和约》，克里米亚战争结束。

尼安德特人头骨化石首次被发现于德国杜塞尔多夫附近。

德国大诗人海涅逝世。

1859

【弗洛伊德】

全家迁居莱比锡。

【欧洲】

德意志民族协会成立，提出在普鲁士领导下统一德国。

马克思著成《政治经济学批判》。

1865

【弗洛伊德】

进施帕尔中学学习。

【欧洲】

普鲁士、奥地利签订《加斯泰因条约》，共管石勒苏益格、荷尔斯泰因地区。

1867

【弗洛伊德】

因受《动物生命史》的影响，开始对自然科学产生兴趣。

【欧洲】

奥地利同意匈牙利设独立议会和内阁，由奥皇兼任匈国王，组成二元制奥匈帝国。

马克思出版《资本论》第一卷。

施特劳斯作成圆舞曲《蓝色多瑙河》。

1872

【弗洛伊德】

重游出生地弗莱堡。

【欧洲】

德、俄、奥三国柏林会议，建立第一次“三皇同盟”。

法国画家莫奈创作《日出·印象》。

1875

【弗洛伊德】

赴英国旅行，回维也纳后立志攻读医学。

【欧洲】

意大利医生保罗开创剖腹产手术技术。

1877

【弗洛伊德】

3 月，发表关于鳗鱼生殖腺的形态与构造的论文。入恩斯特·布吕克生理学实验室工作。

【欧洲】

德国人柏格曼发明升汞消毒法。

1879

【弗洛伊德】

研究淡水蟹的神经系统。

【欧洲】

德、奥订立针对俄、法的秘密军事同盟条约。

瑞典医生汉森发现麻风杆菌。

1880

【弗洛伊德】

受维也纳大学历史系教授冈柏的委托，把英国哲学家、经济学家约翰·斯图亚特·密尔的著作译成德文。

【欧洲】

法国微生物学家巴斯德发明鸡霍乱疫苗。

1881

【弗洛伊德】

获得医学学位。

【欧洲】

德、俄、奥结成第二次“三皇同盟”。

德国生理学家 O. W. 鲁创立实验胚胎学。

1882

【弗洛伊德】

4 月，与妹妹的朋友玛莎·贝尔奈斯邂逅，6 月中旬订婚。7 月，进入维也纳总医院工作。

【欧洲】

英国博物学家达尔文逝世。

1883

【弗洛伊德】

5 月，进入迈纳特负责的精神病科工作。

【欧洲】

马克思在伦敦逝世。

俄国医生梅契尼科夫发现吞噬细胞现象。

1884

【弗洛伊德】

1 月，进入神经科。7 月，发表有关可卡因的论文。

【欧洲】

遗传学创始人孟德尔逝世。

1885

【弗洛伊德】

9 月，被任命为维也纳大学讲师。10 月，得到一笔奖学金后前往巴黎，师从法国神经学家沙尔科。

【欧洲】

德国医生欧利希发现大肠杆菌。

1886

【弗洛伊德】

2 月，自巴黎返国，途经柏林，去巴金斯基的诊所，了解儿童精神疾病方面的情况。4 月，在维也纳开业行医。5 月，向“医学协会”汇报在沙尔科那儿的所见所闻。秋，与贝尔奈斯结婚。

【欧洲】

德国医生蒂尔施成功完成首次表皮移植手术。

1887

【弗洛伊德】

11 月，结识柏林医生弗利斯，结为好友。

【欧洲】

德国首相俾斯麦发表反法演说，德、法关系恶化。

德国医生魏克塞博姆发现脑膜炎球菌。

1889

【弗洛伊德】

夏天，前往法国南锡，进一步了解催眠术。10 月，长女玛西黛出生。

【欧洲】

“第二国际”在巴黎成立。

1891

【弗洛伊德】

出版《对失语症的认识》。2 月，次子奥利弗出生。8 月，全家搬到柏格街 19 号居住，直到 1938 年才离开。

【欧洲】

德、奥、俄三国修订同盟条约，延长有效期十二年。

维也纳艺术史博物馆正式开放。

1892

【弗洛伊德】

三子恩斯特出生。

【欧洲】

德国萨尔区煤矿工人大罢工。

英国医生罗斯发现疟疾由疟蚊传播。

1893

【弗洛伊德】

次女苏菲出生。与布罗伊尔合作发表《论歇斯底里现象的心理机制》。

【欧洲】

“巴拿马丑闻”被揭露，引起政治风潮。

德国医生首次用伤寒菌苗实现了人工免疫。

1894

【弗洛伊德】

开始与布罗伊尔意见不合。

【欧洲】

恩格斯刊印马克思的《资本论》第三卷。

1895

【弗洛伊德】

小女安娜出生。与布罗伊尔合著的《歇斯底里研究》出版。7月24日，对自己的梦境作了首次分析。

【欧洲】

德国物理学家伦琴发现X射线。

1896

【弗洛伊德】

与布罗伊尔彻底决裂。10月13日，父亲去世。

【欧洲】

奥地利实行选举改革，社会民主党代表首次进入议会。

法国医生卡莱特发现甲状腺为含碘的组织。

1897

【弗洛伊德】

开始对自己进行精神分析。

【欧洲】

奥、俄缔约干涉巴尔干事务。

俄国生理学家巴甫洛夫发表《消化腺机能讲义》。

1898

【弗洛伊德】

发表有关幼儿性欲的理论。

【欧洲】

奥匈帝国皇后伊丽莎白在日内瓦被无政府主义者刺杀。

德国“铁血宰相”俾斯麦逝世。

1900

【弗洛伊德】

《梦的解析》问世。

【欧洲】

英国医生麦克伦发现性染色体。

奥地利医生兰茨泰纳发现了人类的四种血型，确立了血液分类学的理论基础。

1901

【弗洛伊德】

前往罗马观光。

【欧洲】

英国女王维多利亚逝世，代表着一个时代的结束。

瑞典首次颁发诺贝尔奖。

1902

【弗洛伊德】

被维也纳大学聘为教授。与阿尔弗雷德·阿德勒等创办“星期三心理学研究组”。

【欧洲】

法国工人大罢工，要求 8 小时工作制。

1903

【弗洛伊德】

与患难时的好友弗利斯交恶。

【欧洲】

奥匈帝国开始实行两年制义务兵役制。

丹麦医生威廉·约翰逊提出遗传学“纯系学说”。

1904

【弗洛伊德】

出版《日常生活的精神病理学》。

【欧洲】

英、法于伦敦签约，确定各自的殖民地和势力范围，“衷心协约”成立。

奥匈帝国石油工人大罢工，要求缩短工时。

1905

【弗洛伊德】

出版《机智与潜意识的关系》《少女杜拉的故事》和《性学三论》。

【欧洲】

德国、意大利、奥匈帝国、俄国、芬兰、罗马尼亚等国发生群体性大罢工。

爱因斯坦创立狭义相对论。

1906

【弗洛伊德】

与弗利斯断绝关系。开始与荣格通信联系。

【欧洲】

意大利科学家戈尔吉和西班牙科学家卡哈尔首次描述了神经元结构。

1907

【弗洛伊德】

与荣格会面。

发表《强迫观念活动与宗教仪式》。

【欧洲】

奥匈帝国实行普选制。

1908

【弗洛伊德】

4 月 27 日，第一届“国际精神分析学大会”在萨尔茨堡召开。

【欧洲】

俄、德、丹、瑞签署维持波罗的海现状的《彼得堡宣言》。

1909

【弗洛伊德】

9 月，应美国马萨诸塞州沃斯特市克拉克大学校长霍尔的邀请，与荣格等前去参加该校二十周年校庆活动，并作了精神分析学方面的系列演讲。自此，精神分析学在美国开始产生影响。

【欧洲】

丹麦医生约翰逊首次提出基因为遗传单位的概念。

1910

【弗洛伊德】

3 月，在纽伦堡召开第二届“国际精神分析学大会”，会上成立了“国际精神分析学会”。写作《列奥纳多·达芬奇和他对童年时代的一次回忆》。

【欧洲】

葡萄牙共和国成立。

1911

【弗洛伊德】

在魏玛召开第三届“国际精神分析学大会”。秋，与阿德勒决裂。

【欧洲】

英国物理学家卢瑟福发现原子核，并提出了核型原子模型。

1912

【弗洛伊德】

与威廉·斯泰克决裂。欧内斯特·琼斯等最忠实的支持者发起组织了一个名叫“委员会”的小组，专门负责弗洛伊德的日常事务以及与外界联系方面的工作。

【欧洲】

匈牙利实行选举改革。

1913

【弗洛伊德】

在慕尼黑召开第四届“国际精神分析学大会”。《图腾与禁忌》出版。

【美国】

美国科学家麦克可仑发现了存在于脂肪中的维生素。

1914

【弗洛伊德】

荣格退出精神分析学会。发表《论精神分析运动的历史演进》和《米开朗基罗的摩西》。

【欧洲】

第一次世界大战爆发。

1915

【弗洛伊德】

4 月，发表《对战争与死亡时期的思考》等论文。在维也纳大学开讲《精神分析引论》。提出“心理玄学”的设想。

【欧洲】

列宁提出社会主义可在一国首先胜利的理论。

1916

【弗洛伊德】

《精神分析引论》出版。

【欧洲】

凡尔登战役，德军失利，战争局势出现转折点。

爱因斯坦提出广义相对论。

1918

【弗洛伊德】

在布达佩斯召开第五届“国际精神分析学大会”。

【欧洲】

第一次世界大战结束。

奥匈帝国瓦解。

1919

【弗洛伊德】

在维也纳创办“国际精神分析学出版公司”。

【欧洲】

巴黎和会，《凡尔赛和约》签订。

德国工人运动被镇压，法西斯组织在慕尼黑建立。

1920

【弗洛伊德】

在海牙召开第六届“国际精神分析学大会”。发表《享乐主义之外》。

【欧洲】

国际联盟正式成立，总部设在瑞士日内瓦。

1922

【弗洛伊德】

在柏林召开第七届“国际精神分析学大会”。

【欧洲】

奥、英、法、意、捷五国缔结有关奥地利国际贷款的《日内瓦议定书》。

德国历史学家施宾格勒发表《西方的没落》，宣布西方文明已经没落。

1923

【弗洛伊德】

4 月，上颚发现肿瘤，做首次手术。发表《自我与本我》，提出新的人格理论。

【欧洲】

巴黎会议，讨论德国赔偿问题；法国侵入鲁尔区，德国消极抵抗。

1924

【弗洛伊德】

在萨尔茨堡召开第八届“国际精神分析学大会”。

【欧洲】

通过“道威斯计划”，德国经济开始复苏。

法国医生拉蒙研制出白喉疫苗。

1925

【弗洛伊德】

撰写《自传》。在洪堡召开第九届“国际精神分析学大会”。

【欧洲】

通过《洛迦诺公约》，德国试图恢复大国地位。

1926

【弗洛伊德】

奥地利官方在弗洛伊德七十岁寿辰时，首次通过广播介绍弗洛伊德的生平。

【欧洲】

《苏德友好中立条约签订》，为“二战”初期德国避免两面作战创造了条件。

【美国】

美国生物学家摩尔根发表《基因论》，基因遗传理论被系统化。

1927

【弗洛伊德】

出版《一个幻觉的未来》。在茵斯布鲁克召开第十届“国际精神分析学大会”。

【欧洲】

协约国对德国军事管制结束，希特勒召开首次纳粹党会议。

1929

【弗洛伊德】

德国著名作家托马斯·曼发表《弗洛伊德与未来》的演讲，认为弗洛伊德是现代思想史上最重要的伟人之一。《文明及其不满》出版。在牛津召开第十一届“国际精神分析学大会”。

【欧洲】

德国生理学家贝格首次记录人脑电图。

1930

【弗洛伊德】

荣获歌德文学奖，因健康等原因，由女儿安娜·弗洛伊德前往法兰克福参加授奖仪式。

【欧洲】

法军撤出莱茵区。

1932

【弗洛伊德】

写作《精神分析引论新编》。在威斯巴顿召开第十二届“国际精神分析学大会”。

【欧洲】

纳粹在国会选举中成为第一大党。

1933

【弗洛伊德】

希特勒掌权，有关精神分析的书刊被禁。

【欧洲】

纳粹制造“国会纵火案”，大肆迫害共产党人。

【美国】

爆发最严重的经济危机，新任总统罗斯福推行“新政”。

1934

【弗洛伊德】

在卢塞恩召开第十三届 “国际精神分析学大会”。从这次大会开始，弗洛伊德因病情严重，已无法亲自参加。

【欧洲】

德国总统兴登堡逝世，希特勒集总统、总理大权于一身，称“元首”。

1935

【弗洛伊德】

当选为英国皇家学会通讯会员。

【欧洲】

法国组建“人民阵线”。

1936

【弗洛伊德】

纳粹分子冻结“国际精神分析学出版公司”财产。

【欧洲】

希特勒出兵占领莱茵非军事区。

西班牙内战，导致了佛朗哥法西斯军事独裁政权的建立。

1938

【弗洛伊德】

3 月，纳粹入侵奥地利，“国际精神分析学出版公司”财产被全部查封。6 月，在欧内斯特·琼斯等人的帮助下克服重重困难，离开维也纳前往英国伦敦。9 月，接受最后一次手术治疗。

【欧洲】

纳粹制造了“水晶之夜”，大肆迫害犹太人。

1939

【弗洛伊德】

3 月，《摩西与一神教》出版。9 月 23 日，在伦敦去世。

【欧洲】

第二次世界大战全面爆发。